LE PANTHÉON

E. DUMONTHIER
Conservateur
des Monuments de Paris

GUIDE
ILLUSTRÉ

HISTOIRE ET GUIDE ILLUSTRÉ

DU

PANTHÉON

PAR

Ernest DUMONTHIER
Conservateur des Monuments de Paris

SOCIÉTÉ ANONYME DES IMPRIMERIES GÉRARDIN
VERSAILLES

Le Panthéon est ouvert au public, tous les jours, excepté le lundi :

En été de 10 h. à 5 heures
En hiver de 10 h. à 4 heures.

I

HISTORIQUE

Origine du Panthéon. — L'Église Sainte-Geneviève. Sa construction. — Sa première décoration.

Le Panthéon, notre Westminster français, dénommé, dès l'origine, église Sainte-Geneviève, est un des plus imposants et des plus grandioses monuments que possède Paris.

On rapporte que sa construction fut décidée à la suite d'un vœu que fit Louis XV, en 1744, alors qu'il était à Metz. Ce monarque étant tombé gravement malade, implora sainte Geneviève et promit, s'il recouvrait la santé, de lui élever un temple qui, par sa grandeur et sa majesté, serait digne de Paris et de son illustre patronne.

Louis XV guérit et tint parole.

Ce n'est, toutefois, qu'en 1757, qu'une ordonnance royale décréta l'édification de la nouvelle église, sur une partie des terrains proches de l'antique abbaye de Sainte-Geneviève (1), abbaye qui, d'ailleurs, menaçait ruine et fut démolie en 1803.

* * *

L'architecte SOUFFLOT, dont la réputation était déjà connue à la cour, et qui avait, comme protecteur et ami,

(1) L'antique Abbaye de Sainte-Geneviève, mitoyenne avec l'église Saint-Etienne du Mont, occupait l'emplacement où se trouve aujourd'hui le lycée Henri IV. On voit encore, enclavée dans les bâtiments de ce lycée, une vieille tour de style ogival, seul vestige de cet édifice. Cette abbaye avait elle-même remplacé une très ancienne basilique construite sous le règne de Clovis, en 506, et détruite par les Normands, lors de leurs incursions en France. D'abord dédiée aux apôtres Pierre et Paul, cette ancienne basilique ne prit le vocable de Sainte-Geneviève que plus tard, quand les reliques de la sainte, renfermées dans la fameuse châsse exécutée, vers 635, par saint Eloi, y furent transportées.

le marquis de Marigny, fut chargé de dresser les plans du nouvel édifice.

Beaucoup plus préoccupé de la grandeur du monument à construire que de sa destination religieuse, cet artiste, imbu des traditions de l'art antique qu'il avait étudié à Rome, présenta, le 2 mai 1757, un projet d'une ordonnance sévère, mais dont la conception hardie et puissante émerveilla le Roi.

Le projet de Soufflot fut approuvé sans retard et les travaux commencèrent, sous sa direction, dès l'année suivante, c'est-à-dire en 1758. Les constructions souterraines, malgré de nombreuses difficultés inhérentes au sol, furent poussées avec une grande activité et achevées en l'espace de cinq années. On commença, dès lors, à édifier la partie supérieure du monument ; la première pierre en fut posée solennellement, par Louis XV, accompagné du Dauphin, le 6 septembre 1764. Mais, par suite d'erreurs de construction provenant de la négligence de quelques entrepreneurs, et aussi faute de ressources suffisantes, les travaux, souvent interrompus, n'avancèrent que lentement. Au moment où la Révolution française éclata, ils n'étaient pas encore terminés. Entre temps, et avant même que la construction du dôme ne fût commencée, Soufflot mourait, en 1780, laissant à Jean Rondelet, son élève et collaborateur, le soin de mener à bien cette périlleuse entreprise.

*
* *

La construction du dôme, auquel le nom de Rondelet restera à jamais attaché, présenta, en effet, les plus grands obstacles et les plus sérieuses difficultés. A peine était-il édifié, que, l'on s'aperçut, malgré tout le soin et les hautes combinaisons apportés à sa construction, de la dégradation rapide des piliers et de leur affaissement par leur seule pesanteur, et, peut-être aussi, en raison de certains vices de construction auxquels Rondelet était, d'ailleurs, entièrement étranger.

Ces accidents, qui menaçaient de ruiner l'édifice, démontrèrent assez la nécessité de reprendre les piliers en sous-œuvre et de les reconstruire presque entièrement.

De nombreux mémoires furent publiés, mais celui qui venait à l'appui des moyens de consolidation proposés par

Rondelet, offrit au Ministère le plus de garantie et cet architecte fut seul chargé de la reconstruction des piliers. Il les reprit à leur naissance, fortifia leur masse par de fortes incrustations, substitua aux colonnes engagées de larges pilastres plus capables de supporter les arcs qui réunissent les pendentifs et assura ainsi et à tout jamais la stabilité du monument.

Peu de temps après avoir achevé ce travail mémorable, Rondelet, qui était âgé de près de soixante-dix ans, résigna ses fonctions d'architecte du Panthéon pour ne conserver que celles de membre du Conseil des Bâtiments civils, qu'il exerça encore pendant dix ans, avant de prendre sa retraite. Il mourut, en septembre 1829, dans la maison qu'il occupait, près du Panthéon, place Sainte-Geneviève.

*
* *

Soufflot, en même temps qu'il dressait les plans du Panthéon, avait conçu tout un projet de décoration, en rapport avec la destination religieuse du monument. Ce projet fut en partie seulement exécuté.

Il s'était adressé, pour l'ornementation du fronton, au célèbre sculpteur COUSTOU, qui composa un magnifique bas-relief représentant une croix rayonnante entourée de chérubins et d'anges adorateurs ; on y lisait l'inscription suivante :

D. O. M.

Sub invocatione sanctæ Genovefæ sacrum.

(Dieu tout puissant, miséricordieux. Temple consacré sous l'invocation de sainte Geneviève.)

Sous le péristyle, au-dessus des portes d'entrée, avaient été placés cinq bas-reliefs. Trois d'entre eux rappelaient certaines actions de la vie de sainte Geneviève ; le plus grand, sculpté par BOVET, situé au-dessus de la porte principale, représentait la sainte distribuant du pain aux pauvres ; un autre, par JULIEN (Pierre), montrait sainte Geneviève rendant la vue à sa mère ; sur le troisième, par DUPRÉ (Nicolas-Firmin), figurait Geneviève enfant recevant une médaille de saint Germain d'Auxerre. Les deux autres bas-reliefs, confiés à HOUDON et à BOIZOT, avaient comme sujets :

saint Pierre recevant les clefs du ciel, et saint Paul prêchant devant l'aréopage d'Athènes.

A l'intérieur du monument, dans chacune des nefs, Soufflot avait eu la pensée de représenter les grandes figures de l'ancien testament ainsi que les faits principaux de l'Eglise grecque et de l'Eglise latine. Julien, Dupré, Bovet et Dejoux étaient désignés pour l'exécution de cette décoration. Au fond de l'édifice, une Gloire colossale devait rayonner. Enfin, sous le dôme, à une certaine hauteur du sol, de manière à être vue de tous les points de l'église, la châsse de sainte Geneviève devait être placée, soutenue par le groupe célèbre des quatre allégories de Germain Pilon.

Mais ce projet fut abandonné lorsque éclata la Révolution française, et, ainsi qu'on le verra plus loin, M. Quatremère de Quincy fut chargé d'étudier un autre plan de décoration plus conforme à la destination nouvelle que venait de donner au Panthéon l'assemblée constituante de 1791.

Le Panthéon sous la Révolution Française. Sa nouvelle destination.

A peine était-il achevé que déjà l'ère des vicissitudes commençait pour le Panthéon : tour à tour édifice religieux et monument civil.

Le 4 avril 1791, à l'occasion de la mort de MIRABEAU, l'Assemblée Constituante décréta que l'église Sainte-Geneviève serait désormais destinée à recevoir la sépulture des grands hommes.

On remarquera que ce décret (1), dont nous reproduisons

---

(1) Texte du Décret rendu par l'Assemblée constituante :

Article Premier. — Le nouvel édifice de Sainte-Geneviève sera destiné à recevoir les cendres des grands hommes de l'époque de la liberté française.

Art. 2. — Le corps législatif décidera seul à qui cet honneur sera décerné.

Art. 3. — Honoré, Riquetti Mirabeau est jugé digne de recevoir cet honneur.

Art. 4. — La législature ne pourra à l'avenir décerner cet honneur à un de ses membres venant à décéder ; il ne pourra être déféré que par la magistrature suivante.

Art. 5. — Les exceptions qui pourront avoir lieu pour quelques grands hommes morts avant la Révolution ne pourront être faites que par le corps législatif.

Art. 6. — Le Directoire du Département de la Seine sera chargé de mettre promptement l'édifice de Sainte-Geneviève en état de remplir sa nouvelle destination et fera graver au-dessus du fronton, ces mots : « *Aux grands hommes, la patrie reconnaissante* ».

Art. 7. — En attendant que la nouvelle église Sainte-Geneviève soit achevée, le corps de Riquetti Mirabeau sera déposé à côté des cendres de Descartes, dans le caveau de l'ancienne église.

le texte plus bas, conserve au monument son vocable d'*église Sainte-Geneviève*. Ce n'est, en effet, que plus tard, vers la fin de l'année 1791, lorsque l'on songea à transporter à Paris les restes de J.-J. Rousseau, déposés à Ermenonville, que le nom de *Panthéon* fut prononcé et attribué à cet édifice.

Les premiers citoyens inhumés au Panthéon furent : MIRABEAU (4 avril 1791) ; VOLTAIRE (12 juillet 1791) ; LEPELLETIER DE SAINT-FARGEAU, transporté au Panthéon, le 25 novembre 1793, son corps en fut retiré et rendu à sa famille, par décret spécial en date du 21 septembre 1794 ; et J.-J. ROUSSEAU (9 octobre 1794).

MARAT, aussi, eut les honneurs de ce temple, mais, en même temps que ses restes y entraient, ceux de Mirabeau en sortaient. La Convention avait, en effet, décidé, le 25 novembre 1793 (1), sur un rapport de Marie-Joseph Chénier, que si Marat était digne d'entrer au Panthéon, Mirabeau devait en être exclu en raison de ses intelligences avec la cour. Toutefois, l'exécution de ce décret n'eut lieu que le 21 septembre 1794.

Mais le séjour que fit Marat sous la coupole du Panthéon fut de bien courte durée. Lors de la chute des Thermidoriens, en 1795, la dépouille de l'*ami du peuple* fut retirée du temple et transportée dans un cimetière voisin de l'église Saint-Etienne-du-Mont.

Personne, en effet, n'étant venu réclamer le corps de Marat, la commission exécutive adressa à l'inspecteur du Panthéon, qui était alors le neveu de Soufflot, les instructions suivantes. Nous les reproduisons, à titre de curiosité, car elles semblent contredire la version donnée par certains historiens, d'après laquelle les cendres de Marat auraient été jetées dans un égout de la rue Montmartre.

---

(1) Texte du Décret rendu par la Convention nationale :

Séance du 5 Frimaire an II

La Convention nationale, après avoir entendu le rapport de son Comité d'Instruction publique, considérant qu'il n'est point de grand homme sans vertu,

Décrète :

Article Premier. — Le corps d'HONORÉ, GABRIEL, RIQUETTI MIRABEAU sera retiré du Panthéon français ;

Art. 2. — Le même jour que le corps de Mirabeau sera retiré du Panthéon français, celui de Marat y sera transféré ;

Art. 3. — La Convention nationale, le Conseil exécutif provisoire, les autorités constituées de Paris et les sociétés populaires assisteront en corps à cette cérémonie.

La Commission exécutive de l'Instruction publique au Citoyen Soufflot, Inspecteur du Panthéon.

Citoyen,

La famille de feu Marat ne s'étant pas présentée pour enlever son corps du Panthéon, ainsi que l'a fait la famille Lepelletier, aux termes de la Loi du 20 Pluviôse dernier, nous vous invitons et autorisons, comme Inspecteur du Panthéon, à donner les ordres nécessaires pour que la Loi ait la plus prompte exécution et que le corps de feu Marat soit inhumé dans le cimetière le plus voisin.

Salut et fraternité.

Signé : GIUGENÉ, adj.

7 Ventôse, IIIe année.

Descartes, dont le corps reposait dans l'ancienne abbaye de Sainte-Geneviève, devait être également transporté au Panthéon, en vertu du décret rendu par la Convention le 2 octobre 1793. Sur son tombeau, devait même figurer l'inscription suivante : *Au nom du peuple français, la Convention nationale, à René Descartes*, 1793.

Mais l'exécution de ce décret n'eut pas lieu et les cendres de ce grand philosophe demeurèrent dans la vieille église abbatiale.

Il en fut de même pour le jeune Joseph Barra et Agricole Viala, à qui ne furent jamais rendus les honneurs du Panthéon, que la Convention leur avait décernés, dans sa séance du 7 juin 1794.

Mentionnons aussi le projet relatif à l'érection, dans l'intérieur du Panthéon, d'une colonne funéraire, projet approuvé par la Convention, le 28 Germinal, an II (17 avril 1794).

A l'occasion du débat auquel donna lieu cette proposition, Lakanal rappela la journée du 10 août 1792, où le peuple avait attaqué les Tuileries, sous le feu des Suisses, « *Rome inscrivait sur le marbre les services rendus à la Patrie*, dit-il, *hâtons-nous d'acquitter la dette nationale envers les martyrs du* 10 *août, que leurs noms soient inscrits dans le temple que la Patrie reconnaissante a consacré aux grands hommes.* »

Et la Convention décréta : « Qu'il serait élevé, dans le Panthéon, une colonne de marbre noir sur laquelle seraient gravés, en lettres d'or, les noms des citoyens morts pour l'égalité, le 10 août 1792, que ce Décret demeurerait affiché, à perpétuité, dans le lieu des séances de la représentation nationale et des autorités constituées de la République. »

Aucune suite ne fut donnée à ce décret, qui, comme les précédents, demeura lettre morte, bien que la Convention ait ordonné, dans les séances qui suivirent, l'inscription, sur cette colonne, de plusieurs noms, notamment de ceux des généraux Dagobert, Haxo, Dugommier, Mirabel, et des marins qui composaient l'équipage du *Vengeur*.

* * *

Comme conséquence du décret du 4 avril 1791, tous les bas-reliefs relatifs à la vie et aux actions de la patronne de Paris furent grattés et remplacés par d'autres analogues à la nouvelle destination du temple.

Sur le fronton, l'on grava en lettres de bronze l'inscription suivante, qui s'y trouve encore aujourd'hui, composée par le marquis de PASTORET, plus tard pair de France :

AUX GRANDS HOMMES LA PATRIE RECONNAISSANTE

Ainsi que nous le mentionnons plus haut, ce fut M. Quatremère de Quincy, commissaire du Département à la direction et administration du Panthéon, qui reçut la mission de transformer la décoration de cet édifice.

Il confia au sculpteur MOITTE (Jean-Guillaume) le soin d'exécuter le fronton destiné à remplacer celui de Coustou ; le bas-relief décorant le tympan du nouveau fronton rappelait l'inscription ci-dessus et représentait : *la Patrie distribuant des couronnes à la Vertu et au Génie, la Liberté terrassant le despotisme, la Philosophie combattant l'Erreur et le Préjugé.*

Sous le péristyle, au-dessus de la porte du milieu, dans la frise, fut placée cette autre inscription :

PANTHÉON FRANÇAIS, L'AN III DE LA LIBERTÉ

Les bas-reliefs rappelant des épisodes de la vie de sainte Geneviève et qui ornaient le péristyle furent remplacés par les suivants dont nous donnons ci-après la description :

LES DROITS DE L'HOMME, par *Boichot* (Guillaume).

Représentés sous la figure d'une femme à demi-drapée tenant d'une main une corne d'abondance, et appuyant l'autre sur la table des droits de l'homme, table qu'elle présentait à la France étonnée. — La Nature paraissait suivie de l'Egalité et de la Liberté. — En l'air, était la Renommée annonçant aux Français l'abolition de la servitude et de la tyrannie.

L'EMPIRE DE LA LOI, par *Fortin* (Augustin-Félix).

La Patrie, un sceptre à la main, apprenait au peuple que les lois sont l'expression de la volonté nationale. — Un vieillard se prosternait et jurait d'y obéir. — Un jeune guerrier s'avançait et faisait le serment de les défendre.

On lisait dans le cadre : « *Obéir à la Loi c'est régner avec elle.* »

Au-dessous, avait été placée la statue de la FORCE, sous les traits d'Hercule, par *Boichot.*

LA NOUVELLE JURISPRUDENCE, par *Rolland* (Philippe-Laurent).

La Patrie, assise à l'entrée du Temple des Lois, montrait à l'Innocence la statue de la Justice et la salutaire institution du Jury. L'Innocence embrassait avec empressement cette statue ; deux figures, celle de la Jurisprudence civile et de la Jurisprudence criminelle, debout, paraissaient s'applaudir de n'être plus que les défenseurs de l'Innocence.

Au bas était écrit : « *Sous le règne des Lois, l'Innocence est tranquille.* »

Une statue colossale représentant la LOI, du même auteur, figurait au-dessous de ce bas-relief.

LE DÉVOUEMENT PATRIOTIQUE par *Chaudet* (Antoine-Denis).

(Ce bas-relief existe encore, voir sa description, page 23.)

L'épigraphe inscrite au-dessous : « *Il est doux, il est glorieux de mourir pour la Patrie* », a été effacée.

Sous ce bas-relief, existait un groupe dû à Masson, représentant un guerrier mourant dans les bras de la Patrie.

L'INSTRUCTION PUBLIQUE, par *Lesueur* (Jacques-Philippe).

(Ce bas-relief existe encore, voir sa description page 23.)

Il était accompagné de cette inscription, aujourd'hui disparue : « *L'Instruction est le bien de tous ; la société la doit également à tous ses membres.* »

Le groupe placé au-dessous (de Chaudet), figurait la Philosophie instruisant un jeune homme et lui montrant le chemin de la Gloire et de la Vertu.

M. Quatremère avait également imaginé, pour l'intérieur du temple, un plan de décoration, au moyen de figures allégoriques. C'est ainsi que deux grandes statues : LA LIBERTÉ, par Lorta, et l'EGALITÉ, par Lucas, devaient être placées à l'entrée de la nef principale ; sur les quatre pendentifs : la PHILOSOPHIE, par Pasquier ; la VERTU, par Ramey ; la SCIENCE, par Baccari ; les ARTS, par Auger ; puis, pour l'ornementation des quatre nefs intérieures : la SCIENCE POLITIQUE, par Auger ; la LÉGISLATION, sous les traits de Lycurgue, par Dupasquier ; l'HISTOIRE, par Stouf ; la MORALE, représentée par une femme montrant à un jeune homme cette sentence : « *Comme toi, traite ton semblable* », par Beauvallet ; la GÉOMÉTRIE, par Suzanne ; la PHYSIQUE soulevant le voile qui cache la nature, par Baccari ; l'AGRICULTURE, par Lucas ; l'ASTRONOMIE, par Delaistre ; la POÉSIE et l'ELOQUENCE, par Chardin ; la MUSIQUE et l'ARCHITECTURE, par Ramey ; la NAVIGATION et le COMMERCE, par Blaise ; la PEINTURE et la SCULPTURE, par Petitot ; la FORCE et la PRUDENCE, par Castellier ; le DÉVOUEMENT PATRIOTIQUE, par Masson ; la BONNE FOI et la FRATERNITÉ, par Foucou ; l'AMOUR DE LA PATRIE, par Boquet ; le DÉSINTÉRESSEMENT, par Lorta :

Dans le fond du monument, où, d'après Soufflot, devait rayonner la GLOIRE, on résolut d'y placer une effigie colossale de la PATRIE.

Une Renommée en bronze, d'une hauteur de 27 pieds, dont l'exécution fut confiée au sculpteur *Dejoux*, devait enfin couronner l'édifice.

Mais tout cet ensemble de décorations et de commandes fut mis à néant, en 1806, par suite de la nouvelle affectation religieuse donnée au Panthéon. De tous les bas-reliefs exécutés à cette époque, il n'en reste plus aujourd'hui que deux, qui ornent le péristyle : le DÉVOUEMENT PATRIOTIQUE, par Chaudet, et l'INSTRUCTION PUBLIQUE, par Lesueur.

Le Premier Empire. — La Restauration.
Le Panthéon rendu au Culte reprend sa dénomination primitive d'église Sainte-Geneviève.

A peine monté sur le trône, Napoléon Ier rendait le Panthéon au culte catholique, sous le vocable d' « église Sainte-Geneviève », par un décret en date du 20 février 1806.

Toutefois, ce décret stipulait que « l'église Sainte-Gene-

» viève conserverait la destination que lui avait donnée » la Constituante et serait consacrée à la sépulture des » grands dignitaires, des grands officiers de l'Empire et de » la Couronne, des sénateurs, des grands officiers de la » Légion d'honneur, et, en vertu de décrets spéciaux, des » citoyens qui auraient rendu d'éminents services à la » Patrie ».

L'Empereur ordonnait, en même temps, l'achèvement du monument, et, à cet effet, mettait un crédit de 2.200.000 francs à la disposition de l'architecte.

C'est sous ce règne, en 1811, que le baron GROS fut chargé d'exécuter la décoration de la coupole.

Parmi les Rois, entourant la châsse de sainte Geneviève portée au ciel par des anges, que l'artiste avait représentés, figuraient l'Empereur et l'Impératrice Marie-Louise. Sous la Restauration, ce groupe fut modifié et Gros dut lui substituer les images de Louis XVIII et de la duchesse d'Angoulême.

En vertu du décret précité, quarante-deux personnages furent, sous le premier Empire, inhumés au Panthéon, parmi lesquels nous devons citer : le sénateur TRONCHET qui, le premier, entra au Panthéon, en vertu des dispositions du nouveau décret ; le maréchal LANNES, duc de MONTEBELLO, blessé mortellement à la bataille d'Essling ; LEBLOND de SAINT-HILAIRE, général de division, tué à Wagram ; le cardinal italien CAPRARA, légat près du Gouvernement français, qui conclut le Concordat de 1801 et sacra Napoléon Ier, roi d'Italie, à Milan, en 1805 ; LAGRANGE, savant mathématicien, directeur de la Monnaie, pendant la Révolution ; VIEN, peintre célèbre, directeur de l'Ecole française à Rome, enfin, le ministre PORTALIS.

*
* *

Bien que le Panthéon fût redevenu église Sainte-Geneviève, les offices religieux n'y étaient célébrés que rarement. Ce n'est que sous Louis XVIII que cet édifice fut exclusivement réservé au culte et remis officiellement à l'archevêque de Paris, Mgr de Quélen, le 3 janvier 1823.

L'inscription du fronton fut alors remplacée par celle-ci :

D. O. M.
Sub invocatione Sanctæ Genovefæ
Lud. XV dicavit, Lud. XVIII restituit

(Dieu tout puissant, miséricordieux. Sous l'invocation de sainte Geneviève, Louis XV le dédia, Louis XVIII le restitua.)

Il fut question, à ce moment, d'une nouvelle décoration intérieure : les quatre Evangélistes devaient y être représentés par de grandes figures. C'est aussi sous Louis XVIII que le baron Gérard obtint la commande des quatre panneaux qui, aujourd'hui encore, ornent la partie supérieure des pendentifs : la MORT, la PATRIE, la JUSTICE et la GLOIRE.

Révolution de 1830. — Louis-Philippe Ier. — Révolution de 1848. — Le Panthéon, selon le vœu de la Constituante, redevient le Temple de la Patrie reconnaissante.

Cet édifice conserva le caractère religieux que lui avaient donné Napoléon Ier et Louis XVIII, jusqu'à la Révolution de Juillet 1830, époque à laquelle Louis-Philippe Ier convertit à nouveau l'église Sainte-Geneviève en Panthéon français (*Décret du* 26 *août* 1830). L'inscription latine disparut et fut remplacée par celle de 1791 : « *Aux grands hommes la patrie reconnaissante.* » Le fronton de Moitte, brisé, ne put être remis en place, et DAVID D'ANGERS fut chargé d'en composer un nouveau, celui que nous admirons aujourd'hui.

La croix qui surmontait le dôme ayant été abattue, on songea, comme sous la Révolution, à la remplacer par une statue colossale. Un modèle en carton-pâte, représentant l'IMMORTALITÉ, fut même exécuté par CORTOT, pour cette destination ; mais la difficulté de placer sur le dôme une statue de dimensions aussi grandes, fit renoncer à cette idée. Le modèle de Cortot, placé provisoirement dans l'abside, y resta jusqu'en 1848, où il fut brisé par un projectile, pendant les journées de Juin.

Le Gouvernement de 1848 songea, lui aussi, à décorer l'intérieur du Panthéon redevenu, selon le vœu de la Constituante, le temple de la reconnaissance nationale.

Par décret du 11 avril 1848, sur la proposition de M. Charles BLANC, directeur des Beaux-Arts, un projet de décoration présenté par M. CHENAVARD (Paul-Marc-Joseph) reçut l'approbation du ministre de l'Intérieur, M. Ledru-Rollin.

Ce projet consistait à représenter sur les murs du Panthéon, par une suite de peintures : la TRANSFORMATION DE L'HUMANITÉ, les ÉVOLUTIONS MORALES DU MONDE.

M. Chenavard devait recevoir, pendant la durée des travaux, une indemnité annuelle de 4.000 francs. Il avait, en outre, la faculté de s'adjoindre d'autres artistes, à raison de dix francs par jour.

Mais, trois ans plus tard, le second Empire allait, encore une fois, changer la destination du Panthéon et M. Chenavard n'eut pas le temps d'achever son œuvre. Ses cartons, en partie terminés, furent envoyés au musée de Lyon, sa ville natale.

De 1851 à nos jours.

Le second Empire. — La troisième République.

Par deux décrets, en date des 6 décembre 1851 et 22 mars 1852, Louis Bonaparte, alors président de la République, rendit le Panthéon au culte catholique, sous l'invocation de Sainte-Geneviève, patronne de Paris.

C'est à cette époque que furent créés, sur le désir de Mgr Sibour, archevêque de Paris, les chapelains de Sainte-Geneviève, au nombre de six, non compris le doyen.

Ce monument, après la chute de l'Empire, conserva encore, pendant quatorze ans, sa destination religieuse. Ce fut même sous la troisième république que, en 1874, sur l'initiative de M. *de Chennevières*, directeur des Beaux-Arts, fut approuvée et exécutée la décoration actuelle, décrite page 27, et à laquelle nous prions le lecteur de vouloir bien se reporter pour la visite du monument.

*
* *

Enfin, en 1885 et pour la troisième fois, l'église Sainte-Geneviève fut désaffectée, par décret du 28 mai (1).

---

(1) Texte du Décret du 28 mai 1885 :

Article Premier. — Le Panthéon est rendu à sa destination primitive. Les restes des grands hommes qui ont mérité la reconnaissance nationale y seront déposés.

Victor Hugo venait de mourir et, comme pour Mirabeau, la France voulait donner à ce grand citoyen une sépulture digne de son génie. Le Gouvernement profita de l'occasion qui s'offrait pour rendre au Panthéon la destination que lui avait assignée la Constituante.

Les restes de l'illustre poète y furent solennellement transportés le 1er juin 1885.

Devenu édifice civil, le Panthéon fut placé dans les attributions de la direction des Bâtiments civils et des Palais nationaux (*Ministère des Travaux publics*). Cette Direction ayant été supprimée et ses services rattachés à ceux des Beaux-Arts, le Panthéon fait actuellement partie des monuments dont cette administration a la charge.

* * *

Depuis la nouvelle consécration du Panthéon aux restes des grands hommes, l'administration des Beaux-Arts a chargé une commission spéciale du soin d'étudier un projet en vue de compléter la décoration sculpturale de cet édifice.

Conformément aux propositions de cette Commission, approuvées par le Ministre, Victor Hugo, Mirabeau, J.-J. Rousseau, Voltaire et Descartes doivent avoir chacun leur monument distinct. Deux autres monuments, dont l'exécution a été confiée à MM. *Mercié* et *Marqueste*, représentant, l'un : Les Orateurs et Publicistes de la Restauration, l'autre : Les Généraux de la Révolution, y seront également placés.

Le monument de Victor Hugo, par *Rodin*, et celui de Mirabeau, par *Injalbert*, sont en voie d'exécution et sur le point d'être achevés.

De grandes figures allégoriques reproduisant les quatre époques de l'histoire de France doivent aussi orner les piliers du dôme.

Nous indiquons, page 51 (*Description intérieure, explication des sculptures*), les emplacements déjà assignés à ces œuvres.

Art. 2. — La disposition qui précède est applicable aux citoyens à qui une loi aura décerné des funérailles nationales. Un décret du Président de la République ordonnera la translation de leurs restes au Panthéon.

Pour terminer, mentionnons, par ordre de dates, certains faits historiques ou cérémonies officielles qui eurent lieu au Panthéon.

Le 29 juillet 1831 fut célébrée au Panthéon une fête officielle à l'occasion du premier anniversaire de la révolution de 1830.

Pendant la révolution de 1848, le 24 juin, le général Damesne, commandant de la garde mobile, cerna le monument où s'étaient réfugiés de nombreux insurgés. La lutte fut sérieuse et plusieurs projectiles endommagèrent la façade. La réparation des dégâts coûta 40.000 francs.

En 1849, son dôme élevé permit au physicien Foucault de démontrer la rotation de notre planète au moyen d'un pendule fixé au centre de la coupole. Cette expérience fut renouvelée de nos jours, en 1902, par MM. Flammarion et Berget.

Comme la plupart des monuments et édifices de Paris assiégé, le Panthéon n'échappa pas, au cours de la guerre 1870-71, aux obus allemands. De gros projectiles tombèrent sur le dôme, les parties supérieures de l'édifice furent sérieusement atteintes.

Pendant la durée du siège, les exercices du culte furent suspendus et la crypte mise à la disposition de l'autorité militaire pour servir de dépôt de poudre et de munitions. Comme l'on pouvait craindre que les projectiles ennemis ne fussent cause d'une terrible explosion en raison de la quantité considérable de munitions déposées dans les sous-sols, les baies qui y donnent accès furent murées et on répandit à l'intérieur, sur les dalles, 35.000 sacs d'avoine. Ces précautions ne furent pas inutiles car plusieurs projectiles traversèrent la toiture et pénétrèrent dans l'intérieur même de l'édifice.

Lors de la commune de Paris, les insurgés établirent leur quartier général au Panthéon qui fut bientôt entouré de barricades ; le 26 mars 1871, ils tentèrent, sans pouvoir y parvenir, d'enlever la croix qui surmonte le dôme, mais ils purent facilement scier les deux bras horizontaux de la croix en bois doré placée au-dessus du fronton, le bras vertical servit alors de hampe au drapeau rouge. Dès que cet emblème fut hissé, un bataillon de la garde nationale fédérée qui se trouvait sur la place, près de l'Ecole de droit, porta les armes.

Les chefs insurgés se réunissaient dans la pièce dénommée *Salon des Evêques*, qui sert, aujourd'hui, de salle de repos aux gardiens du monument.

A l'arrivée de l'armée de Versailles, les insurgés n'eurent que le temps de fuir, sans pouvoir incendier le Panthéon, comme ils en avaient l'intention, dit-on. Plusieurs d'entre eux, faits prisonniers, furent fusillés sur les marches mêmes du monument.

Le 3 février 1889 fut posée la première pierre du monument de J.-J. Rousseau.

Le dimanche 4 août 1889, eut lieu, en exécution de la loi du 10 juillet de la même année, la cérémonie de la translation des restes de LAZARE CARNOT, de MARCEAU, de LA TOUR-D'AUVERGNE et de BAUDIN, ainsi que la pose de la première pierre du monument commémoratif en l'honneur de HOCHE et de KLÉBER.

Le Président de la République, alors M. Sadi-Carnot, assistait à cette cérémonie, entouré des Présidents du Sénat et de la Chambre des Députés, des Ministres, des représentants des corps constitués de l'Etat et de nombreuses délégations.

Des cérémonies, comportant le même apparat, eurent également lieu au Panthéon :

Le 22 septembre 1892, en mémoire de l'anniversaire de la proclamation de la première République ;

Le 13 juillet 1898, à l'occasion du centenaire de Michelet ;

Et, enfin, le 26 février 1902, pour fêter le centenaire de Victor-Hugo.

LE PANTHÉON

II

DESCRIPTION EXTÉRIEURE

Le Panthéon, de style néo-grec, est un des plus beaux spécimens de l'art architectural français de la fin du dix-huitième siècle.

Construit sur un des points les plus élevés de Paris, il s'y maintient, majestueusement, depuis plus de cent ans, sans aucune altération, et présente, dans son ensemble, une masse imposante ayant la forme d'une croix grecque allongée, surmontée d'un dôme ovoïde.

Dès l'origine, cette croix devait être régulière, c'est-à-dire avoir les quatre bras égaux ; mais, à la demande du clergé génovéfain, Soufflot dut modifier son premier plan dans le sens de la longueur, par une arcade ajoutée à l'entrée et une autre rachetée au fond, par un segment de cercle de peu de profondeur. Ces modifications, nécessitées par les besoins du culte, ont eu pour résultat de rompre l'égalité primitive des quatre nefs.

On prétend que Soufflot, lorsqu'il construisit le Panthéon, s'inspira de Saint-Pierre de Rome.

Nous ne contestons pas que cet artiste, qui avait longtemps étudié en Italie et qui était très imbu d'idées antiques, fût fortement impressionné à la vue de Saint-Pierre, et, qu'ayant à dresser les plans d'une église à coupole, il n'ait pensé à la célèbre basilique romaine.

Mais, lorsqu'on examine avec un peu d'attention, le plan du Panthéon, qu'on étudie les éléments qui le composent, on s'aperçoit que l'architecte a subi des influences diverses. Il n'est pas contestable, par exemple, que le plan d'ensemble de ce monument soit une copie presque exacte de celui de Saint-Marc de Venise, avec cette différence qu'à Saint-Marc la coupole centrale est accompagnée de quatre autres coupoles s'élevant sur les bras de la croix, tandis qu'au Panthéon, Soufflot les supprima pour n'en conserver qu'une unique au centre.

Cette coupole, que l'on dit aussi avoir été copiée sur celle de Saint-Pierre de Rome, lui ressemble peu, en réalité, et il paraît beaucoup plus probable, vu l'identité parfaite des deux éléments, que Soufflot s'inspira, pour en dresser le plan, de la petite rotonde construite par le célèbre architecte romain, *Bramante*, à San-Piétro-in-Montorio, de Rome.

Quant au grand porche précédant l'entrée du temple et qui en forme la façade principale, il est de toute évidence que sa disposition a été empruntée au Panthéon de Rome ; là tout est romain : l'ordonnance, le détail d'architecture, jusqu'aux portes en bronze.

Telles sont, à notre avis, et très succinctement résumées, les diverses influences subies par Soufflot, dans l'établissement des plans de cette œuvre colossale, dont nous allons décrire les principales parties extérieures.

LE PORTIQUE

Imposant par ses dimensions, le portique mesure 42 mètres 20 centimètres de longueur, sur une largeur de 13 mètres 64 centimètres. Vingt-deux colonnes corinthiennes cannelées ayant 19 mètres 50 centimètres de hauteur et près de 2 mètres de diamètre, forment le péristyle du porche principal. Elles sont groupées par deux et par trois, sauf les deux du milieu, qui sont isolées. Six d'entre elles, sur une seule ligne, supportent un magnifique fronton, dont on trouvera plus loin la description. Les feuilles d'acanthe qui décorent ces colonnes sont d'un travail remarquable

Un vaste escalier en pierre de onze marches conduit au portique. Trois superbes portes en bronze, dues à *Destouches*, et fondues par Simonet père et fils, donnent accès dans le temple. Celle du milieu, la plus importante, haute de 8 mètres 26 centimètres et large de 3 mètres 95 centimètres, a coûté 92.000 francs et pèse 18.000 kilogrammes.

De chaque côté de cette porte sont placés deux groupes en marbre, de *Maindron* (Etienne-Hippolyte). Celui de droite représente : « SAINTE GENEVIÈVE ARRÊTANT ATTILA DEVANT PARIS », et celui de gauche : « CLOVIS RECEVANT

LE BAPTÊME DE SAINT REMI ». Ces groupes datent du second Empire, lors de la restitution de l'édifice au culte catholique.

Au-dessus de ces portes, des guirlandes de feuillage sculptées à même la pierre, ainsi que la croix de la Légion d'honneur, puis cinq remarquables bas-reliefs ci-après décrits. Deux d'entre eux, situés à chaque extrémité, seuls vestiges de la décoration ordonnée en 1791, sont, l'un de *Chaudet*, et l'autre de *Lesueur ;* les trois autres, dus au ciseau de *Nanteuil*, datent de 1831.

Au centre, le bas-relief le plus important représente :

LA PATRIE, par *Nanteuil* (Charles-François).

La Force et la Gloire soutiennent un guerrier expirant. La Patrie s'avance vers lui, d'une main elle tient une palme et, de l'autre, lui montre l'Immortalité. Près du Guerrier, la Vérité, debout, élève son flambeau ; de chaque côté, des femmes embouchant leurs trompettes pour proclamer les hauts faits de ce héros, représentent la Renommée.

A droite du bas-relief central :

LA MAGISTRATURE, par le même auteur.

Un magistrat défend et protège la Justice figurée par une statue placée derrière lui. Il en impose par sa ferme attitude à des révoltés qui veulent s'opposer à l'exécution des lois.

Plus à droite :

LE DÉVOUEMENT PATRIOTIQUE, par *Chaudet* (Antoine-Denis).

Un guerrier, expirant pour la défense de la République, est soutenu par la Force et la Gloire. — Sa main défaillante dépose sur l'autel de la Patrie l'épée dont il vient de se servir pour la défendre. La Patrie, qui le contemple, le remercie et s'apprête à lui remettre la couronne du martyre civique.

A gauche du bas-relief central :

LES SCIENCES ET LES ARTS, par *Nanteuil*.

Les Sciences et les Arts, représentés par des allégories, font hommage à la Patrie de leurs découvertes et mettent à sa disposition leur talent et leur génie.

Plus à gauche :

L'INSTRUCTION PUBLIQUE, par *Le Sueur* (Jacques-Philippe).

La Patrie présente, sous la figure d'une femme, l'Instruction publique à la société que personnifient un père et une mère de famille, un jeune homme et une jeune fille. Elle leur fait entrevoir les services que peut rendre à tous l'instruction. Déjà, deux jeunes enfants entourent l'Instruction publique et lui demandent de répandre sur eux ses bienfaits.

Au bas de l'escalier, à l'intérieur de la grille qui entoure le monument, se trouve la statue, en bronze, de *Rodin*, « LE PENSEUR », inaugurée le 21 avril 1906.

LE FRONTON

Le fronton, un des chefs-d'œuvre du sculpteur DAVID D'ANGERS, fut commandé à l'artiste en 1831, et terminé en 1837. Dans le bas-relief qui orne le tympan, les personnages magistralement traités représentent : *au centre,* debout, sur un trône, LA PATRIE, le front ceint d'étoiles, entre la LIBERTÉ et l'HISTOIRE assises à ses pieds, distribuant les couronnes que lui passe la Liberté, coiffée du bonnet phrygien, tandis que l'Histoire inscrit sur ses tablettes les noms des Français illustres. *A gauche, du côté de la Liberté,* des personnages civils déjà célèbres, *d'abord :* Malesherbes, Mirabeau, Monge, Fénelon, *puis :* Manuel, Carnot, Berthollet, Laplace; *derrière :* Louis David, Cuvier, Lafayette ; *assis à l'extrémité, dans l'angle :* Voltaire, Rousseau, *puis* Bichat mourant; *enfin,* les élèves des Facultés. — *A droite, du côté de l'Histoire,* des soldats de chaque arme : un canonnier, un dragon, un lancier, un hussard, un marin, un cuirassier. — Au premier plan se distingue le général Bonaparte étendant la main pour recevoir une couronne ; derrière lui le petit tambour d'Arcole, puis le fameux grenadier Trompe la Mort; *enfin, tout à fait dans l'angle,* des élèves de l'École Polytechnique.

LE POURTOUR ET LE DOME

Derrière le portique, les bras de la croix présentent un massif haut de 25 mètres surmonté d'un soubassement, d'abord octogone puis circulaire, de 33 mètres 46 centimètres de diamètre. Ce soubassement sert de base à un temple, également circulaire, percé de 16 fenêtres et entouré de 32 colonnes corinthiennes de 11 mètres de hauteur. Une terrasse avec balustrade couronne ce temple dont la tour se prolonge au-dessus en un attique haut de 9 mètres avec 16 fenêtres en arcades et sert de point de départ au dôme ovoïde ($23^{m}77$ *de diamètre sur* 14 *mètres de hauteur*).

L'ensemble du dôme se compose de trois voûtes concentriques superposées, la première interne, sphérique, ornée de caissons à rosaces sculptées, porte sur son extrados une galerie ; elle est ouverte par une lunette de 9 mètres 60 centimètres de diamètre qui laisse voir la seconde voûte, sphéroïdo-chaînette, sous laquelle le baron Gros a représenté l'apothéose de sainte Geneviève; enfin, la troisième voûte, également sphéroïde, est extérieure, recouverte de plomb et forme le dôme apparent.

Ces voûtes sont couronnées par une lanterne surmontée d'une calotte sphérique, couverte par des fuseaux en plomb et en cuivre rouge alternés, dont les recouvremen s sont masqués par des ornements en bronze doré.

La calotte est, elle-même, surmontée par un piédouche supportant une boule de $1^{m}46$ de diamètre. Enfin une croix dorée, haute de 4 mètres, termine l'édifice. La croix, la boule et le piédouche mesurent ensemble 7 mètres de hauteur et pèsent 1,500 kilogrammes.

On évalue à plus de *dix millions de kilogrammes* le poids total du dôme.

VISITE DU DOME. — La porte d'entrée donnant accès à l'escalier conduisant au dôme, se trouve dans le transept de gauche. Cet escalier se compose de 425 marches.

DIMENSIONS PRINCIPALES

Hauteur totale du Panthéon, du sol à l'extrémité de la croix	91 m.	12
Longueur de la nef principale, de la porte d'entrée au fond de l'abside	94 m.	»
Longueur entre les extrémités des nefs latérales	80 m.	»
Largeur des nefs	32 m.	»

III

DESCRIPTION INTÉRIEURE

Le Panthéon offre à l'intérieur la même disposition qu'à l'extérieur, c'est-à-dire la forme d'une croix dont les bras sont représentés par quatre nefs aboutissant sous le dôme.

Ces nefs sont entourées de galeries latérales élevées de cinq marches au-dessus du sol et formées par des colonnes cannelées, d'ordre corinthien.

Les nefs et les galeries sont dallées en pierre de Château-Landon et granite, le dessous du dôme est orné d'une rose en marbre à compartiment très remarquable.

PEINTURES ET SCULPTURES

C'est à M. DE CHENNEVIÈRES, Directeur des Beaux-Arts, que nous devons la décoration actuelle du Panthéon, décoration qui complète si heureusement l'œuvre magistrale de Soufflot et fait de l'intérieur de cet édifice un véritable musée dans un cadre grandiose.

Ainsi que l'indiquait ce fonctionnaire dans son rapport, en date du 6 mars 1874, adressé au Ministre de l'Instruction Publique, alors M. de Fourtou, son projet consistait à couvrir les murs du Panthéon d'un vaste poème de peinture à la gloire de sainte Geneviève, où la légende de la Patronne de Paris se combinerait avec l'histoire merveilleuse des origines chrétiennes de la France.

Dès que ce projet eut reçu l'approbation ministérielle, M. de Chennevières se mit immédiatement à l'œuvre. Aidé de M. Louvet, architecte du Panthéon, et du Doyen du Chapitre de Sainte-Geneviève, il choisit les sujets de décoration et désigna pour les exécuter des maîtres tels que : PUVIS DE CHAVANNES, GALLAND, BLANC, BONNAT, CABA-

NEL, DELAUNAY... Dans la suite, on fit également appel à d'autres artistes, comme : HÉBERT, J.-P. LAURENS, LÉVY, MAILLOT, LENEPVEU et DETAILLE.

De même, les statues de plusieurs saints furent demandées à CAVELIER, PERRAUD, CHAPU, FRÉMIET, JOUFFROY, CABET, FALGUIÈRE, HIOLLE et GUILLAUME.

Les premiers panneaux étaient à peine achevés que M. Louvet dut résigner ses fonctions pour raisons de santé. Ce fut son successeur, le distingué et sympathique M. LE DESCHAULT, qui eut l'honneur de présider à la décoration intérieure du Panthéon, en même temps que lui incombait la délicate mission d'en surveiller l'exécution.

GUIDE POUR LA VISITE INTÉRIEURE

EXPLICATION DES PEINTURES (1)

Dès son entrée dans le monument, prenant sa droite, le visiteur se trouve en présence de l'œuvre de P.-V. GALLAND. (1 *panneau*) (1888).

LA PRÉDICATION DE SAINT DENYS

Saint Denys, premier évêque de Paris, et ses deux compagnons Rustique et Eleuthère, en tournée pastorale, s'arrêtent aux environs de Paris. Saint Denys, vêtu de blanc, debout sur un tertre, la main gauche posée sur la tête d'une enfant qu'il va baptiser, bénit de sa main droite la foule qui s'empresse de venir à lui.

En suivant et après avoir gravi cinq marches, on a devant les yeux les premières peintures exécutées au Panthéon, en 1877, par PUVIS DE CHAVANNES (4 *panneaux*) :

(1) Pour faciliter la visite, on peut consulter le plan de l'intérieur du Panthéon, placé au commencement de cet ouvrage et qui indique les endroits occupés par les sujets de peinture et de sculpture.

LA JEUNESSE DE SAINTE GENEVIÈVE

Sainte Geneviève en prière (*Par Puvis de Chavannes*)

1er *Panneau*. — La sainte, vêtue d'une longue robe blanche est en extase, les mains jointes, à genoux, elle prie devant une croix formée de branches d'arbres. Derrière elle, une pauvre famille de bûcherons la contemple.

Les trois autres panneaux, dont le principal est celui du milieu, nous montrent saint Germain d'Auxerre et saint Loup de Troyes, de passage à Nanterre, prédisant à sainte Geneviève, enfant, les hautes destinées qui l'attendent. Derrière la sainte, ses parents et des villageois assistent à cette scène. Sur le côté gauche, des mariniers viennent toucher le rivage et se hâtent d'amarrer leur nacelle, pendant que d'une masure on apporte un malade pour le faire toucher et guérir par les saints évêques ; à droite, l'on aperçoit l'entrée du village de Nanterre ; dans le fond, en une teinte bleutée, le mont Valérien ; dans ce même panneau, divers personnages : un vieillard, des enfants ainsi que des potiers à demi-nus, se tenant debout. Au milieu, les deux montures des évêques.

Au-dessus de ces peintures, les frises ou panneaux supérieurs représentent, d'abord, à droite : LES TROIS VERTUS THÉOLOGALES : *la Foi, l'Espérance* et *la Charité, debout, semblant protéger un berceau placé à leurs pieds et dans lequel est couchée celle qui un jour sera la patronne de Paris.* Puis une suite de saints légendaires. Plusieurs de ces saints reproduisent des personnages connus, notamment, dans le panneau de droite, saint Paul de Narbonne sous les traits de M. *de Chennevières* et saint Trophime d'Arles, sous ceux de l'artiste lui-même, M. *Puvis de Chavannes.* Remarquons aussi, dans le panneau du milieu, sainte Marthe domptant un dragon, un peu plus loin, dans le panneau de gauche, saint Firmin d'Amiens guérissant des aveugles.

En pénétrant dans le transept de droite, on a, devant soi, les magnifiques peintures dues à H. LÉVY (4 *panneaux*) (1885).

LE COURONNEMENT DE CHARLEMAGNE
PAR LE PAPE LÉON III

1er *Panneau.* — L'armée et le peuple, sur la place Saint-Pierre de Rome, acclament Charlemagne couronné empereur d'Occident.

2e *Panneau.* — La scène se passe à Rome, dans la basilique de Saint-Pierre, le 25 décembre de l'an 800. Charlemagne, suivi de ses fils Charles et Pépin et de nombreux officiers, gravit les marches du trône, le Pape Léon III s'avance vers lui et élève la couronne impériale qu'il va déposer sur la tête du monarque. En avant du Pape, des enfants de chœur balançant des encensoirs, puis un groupe de prélats assis sur trois rangs forment la composition du bas. Au milieu du panneau, au-dessus du groupe formé par le Pape et l'Empereur, apparaît saint Pierre soutenu par des anges, symbole de l'alliance de la France carolingienne et de la Papauté.

3e *Panneau.* — Suite du précédent, représente l'autel et sur les marches des Évêques et les membres du clergé.

4e *Panneau.* — L'Empereur Charlemagne, assis sur son trône, et entouré des grands hommes de son temps, préside à l'action civilisatrice de son règne. A sa droite, la Religion soutient la croix et la Gloire couronne le monarque. Il reçoit les clefs du Saint-Sépulcre que, de l'extrémité de l'Orient, lui apportent les deux ambassadeurs d'Haroun-al-Raschid. Dans le bas, un moine, tenant un manuscrit, instruit de jeunes enfants.

Sur les quatre panneaux supérieurs figure une procession de personnages de l'époque carolingienne : évêques, saints, guerriers. Le panneau de gauche isolé représente la mort de Roland à Roncevaux. Saint Michel, un des patrons de la France, le couvre des plis de l'oriflamme. Devant lui, à genoux, la figure de la Patrie, soutenue par un ange, offre à Dieu cette victime.

Au fond du transept, remarquons quatre FRESQUES (*deux à droite, deux à gauche que sépare une tapisserie*) exécutées, A LA CIRE, par TH. MAILLOT (1879).

Les deux fresques de droite, formant angle, représentent :

LE MAL DES ARDENTS

1er *Panneau de droite.* — Saint Etienne, évêque de Paris, sur les marches de l'autel de l'église métropolitaine, entre deux enfants de chœur et assisté en avant de l'autel par un jeune diacre et deux religieux, implore sainte Geneviève ; il lui demande de faire cesser le mal des ardents (*fièvre pestilentielle*) dont étaient atteints les Parisiens, en l'an 1130, sous le règne de Louis-le-Gros.

2e *Panneau de gauche.* — Les malheureux affligés entourent et baisent la châsse de la sainte. Au deuxième plan, passe une procession de moines ; dans la galerie supérieure sont de nombreux assistants.

La tapisserie qui sépare les fresques a été exécutée, d'après les cartons de CH. LAMEIRE, par les Gobelins, en point dit « de la Savonnerie ».

De magnifiques guirlandes de fleurs forment la bordure de cette tapisserie fond bleu. Dans le haut est placée une couronne de roses. Au-dessous, le monogramme de la Vierge entouré d'étoiles brillantes. De chaque côté des anges ailés. Au milieu, l'inscription suivante : *Gratia plena.*

LE COURONNEMENT DE CHARLEMAGNE

Par H. LÉVY

L'An huit cent, le jour de Noël, dans la basilique de Saint-Pierre, à Rome, le pape Léon III couronne Charlemagne Empereur d'Occident.

Les deux fresques de gauche, formant également angle, nous montrent :

UNE CÉLÈBRE PROCESSION DE LA CHASSE DE SAINTE GENEVIÈVE SOUS LE RÈGNE DE CHARLES VIII

UNE PROCESSION DE LA CHASSE DE SAINTE GENEVIÈVE AU XVe SIÈCLE

Par Th. MAILLOT

1er *Panneau de droite.* — Précédée du capitaine des gardes suisses (*sous les traits de l'artiste, Th. Maillot*), la châsse de sainte Geneviève portée par dix bourgeois de Paris couronnés de feuillage et vêtus de chemises de pénitents, est conduite à l'église Notre-Dame pour obtenir la cessation des pluies qui, depuis trois mois, désolaient la ville ; sous le dais, se tient l'évêque, avec mitre dorée (*sous les traits de Mgr Guibert, ancien archevêque de Paris*).

2e *Panneau de gauche* (*suite du précédent*).— L'abbé de sainte Geneviève avec mitre blanche suit la procession, bénissant la foule, derrière lui, le prévôt des marchands, le prévôt de Paris, le représentant des corporations, puis des fifres et des tambours comme il était d'usage en ce temps. Au premier plan, un reposoir orné de fleurs, derrière lequel sont agenouillés Erasme et sa servante.

Th. Maillot étant décédé avant d'avoir terminé son œuvre, les frises que l'on aperçoit au dessus des quatre panneaux que nous venons de décrire, ont été exécutées par son élève LOUIS YPERMAN, artiste de talent, auteur d'œuvres justement remarquées.

Avant de quitter le transept se présentent les compositions exécutées par J. BLANC (4 *panneaux*).

LA BATAILLE DE TOLBIAC

En commençant par la gauche, les trois premiers panneaux rappellent :

Panneau de gauche. — L'armée ennemie s'avance au galop de ses chevaux. Les Allemands chargent les Francs avec fureur, mais l'archange saint Michel retient le cheval de leur chef tandis que l'archange Raphaël, l'étendard de la croix déployé, arrête les cavaliers.

Panneau du centre. — Clovis qui déjà trois fois a reculé, pense au Dieu dont lui a parlé Clotilde. Clovis, à cheval, les bras étendus, la tête rejetée en arrière, implore le Dieu de Clotilde et jure de se faire chrétien si seulement il sort sain et sauf de cette bataille. Théodoric, fils de Clovis, se précipite à la tête du cheval de son père pour l'empêcher d'avancer. En haut, apparaît le Christ, porté par des nuages, il a exaucé la prière de Clovis, il ordonne aux anges qui l'entourent de repousser l'armée ennemie, les uns sonnent de la trompette, d'autres tirent leur glaive.

Panneau de droite. — Sigebert, roi des Ripuaires, blessé à la jambe, est porté à l'écart par ses compagnons. Sigebert, blessé, semble évanoui sur son cheval renversé. Ses soldats fuient et se dirigent vers les chariots que gardent les femmes. Celles-ci, indignées, les repoussent. L'une d'elles s'apprête à jeter son enfant dans la mêlée, préférant le voir mort plutôt que de le savoir fils d'un lâche.

Le quatrième panneau que nous avons laissé sur notre droite, nous montre :

LE BAPTÊME DE CLOVIS

Clovis, vêtu de blanc comme les néophytes, se tient debout dans la piscine pour recevoir le baptême des mains de saint Rémy, évêque de Reims. Derrière lui, Clotilde, les mains jointes, prie Dieu avec reconnaissance. Sur le côté gauche, des guerriers se dévêtissent, s'apprêtant à imiter l'exemple de leur chef et à recevoir eux aussi le baptême.

Les frises supérieures, également de JOSEPH BLANC, représentent la *Foi* entraînant vers la religion chrétienne Clovis, la reine Clotilde (*sous les traits de Mme Edmond Adam*) et leurs enfants.

Parmi les saints, les guerriers et les divers personnages qui suivent en procession, plusieurs ont été représentés sous les traits d'hommes politiques ou de personnages connus de notre époque. C'est ainsi que dans le panneau du milieu, on reconnaît *Gambetta*, près de la colonne; derrière lui, *Geoffroy Saint-Hilaire*, puis *Antonin Proust*, *Coquelin* aîné, *Lockroy*, tenant une lance ; *Paul Bert*, *Pasteur*, et enfin M. *Clemenceau*, en guerrier, blessé, soutenu par un de ses compagnons.

En quittant le transept pour reprendre la nef principale, le visiteur a devant les yeux les magnifiques peintures de J.-PAUL LAURENS (4 *panneaux*.)

LA MORT DE SAINTE GENEVIÈVE — SES FUNÉRAILLES

Sur la bordure de la grande composition figure l'inscription suivante :

« *Saincte Genevie/ve vesquit en cest siècle pleine de vertus,*
» *honourée des Parisiens plus de LXXX ans, et trespassa le*
» *tiers jour de Janvier CCCCCXII, puis fut enterrée au Mont*
» *de Paris, maintenant dit Montagne Saincte Genevie/ve, dans*
» *l'église que le roy Clodwig avoit fondée en l'honneur de sainct*
» *Pierre et sainct Paul, à la requête de la royne Clote, sa femme* ».

En commençant par la droite :

1er *Panneau.* — La foule assiste aux derniers moments de sainte Geneviève. Au premier plan, une femme assise, dont l'attitude reflète la douleur, représente la reine Clotilde, amie de la sainte. Derrière elle, debout, un vieux roi barbare est soutenu par une esclave à demi-nue.

2e *Panneau.* — La sainte est sur son lit de mort. Autour de son chevet, se presse une foule de gens de races différentes :

LA BATAILLE DE TOLBIAC. — VŒU DE CLOVIS
Par J. BLANC

Clovis qui déjà trois fois a reculé pense au Dieu dont lui a parlé Clotilde et jure de se faire chrétien si seulement il sort sain et sauf de la bataille.

gaulois, celtes, francs, byzantins, orientaux, etc. Au pied du lit, une femme vêtue de noir, que l'on ne voit que de dos, présente ses deux fils à la sainte qui fait un suprême effort pour les bénir. A droite, une autre mère lui amène aussi ses deux enfants, une petite fille aux cheveux blonds et un petit garçon.

3e *Panneau.* — Au milieu d'un groupe de guerriers de toute arme, de femmes et de religieux de tout ordre, un évêque, vêtu de blanc, à la figure imposante, s'incline légèrement.

4e *Panneau.* — On lit sur la bordure :

« *Au sépulcre de madame saincte Geneviefve adviendront moult* » *de beaux miracles, et fut illec assignée une lampe en laquelle* » *le feu ardoit toujours et l'uylle point ne appetissoit qui les* » *malades guérissoit.* »

Le corps de la Sainte repose dans le tombeau de la crypte de Clovis. A droite, un prêtre récite les dernières prières, près de lui un jeune enfant de chœur tient un cierge allumé. A gauche, un groupe de femmes abîmées dans leur douleur. Au-dessus, un ange soulevant le linceul de la morte lui montre, à travers la fumée du lampadaire, l'entrée des élus où son âme est attendue.

Les trois premiers panneaux supérieurs formant frises, nous montrent une procession de gens sauvages hommes, femmes, enfants, accourant vers le tombeau de sainte Geneviève.

Dans le quatrième panneau, une femme, un genou à terre, le bas du corps à demi enveloppé d'un voile noir, personnifie le *génie de la douleur.*

Nous nous trouvons maintenant à l'extrémité du Panthéon, au fond de la nef principale, dans l'abside.

Devant nous, une magistrale peinture due à DETAILLE (3 *panneaux*) :

VERS LA GLOIRE

Magnifique épopée de la République et de l'Empire résumant toutes les gloires militaires de la grande époque.

Volontaires de 1793, soldats de Napoléon, en une impressionnante chevauchée, portent les drapeaux et étendards arrachés à l'ennemi.

En haut, assise sur un cheval ailé, la Gloire, tenant une couronne de laurier, les contemple.

La bordure très artistique qui encadre cette peinture a été exécutée par M. GUILLAUMERON, en 1905.

LES DERNIERS MOMENTS DE SAINTE GENEVIÈVE

Par J.-P. LAURENS

La Sainte, sur son lit de mort, bénit avant d'expirer la foule qui l'entoure.

Disons à ce propos que toutes les autres bordures ont été composées et peintes par M. GALLAND, professeur d'art décoratif à l'école des Beaux-Arts.

Au-dessus de l'œuvre de Detaille, dans la voûte hémisphérique, une superbe composition en mosaïque, d'après les cartons de HÉBERT et exécutée sous la direction de M. Poggesi, chef de l'atelier national de mosaïque de Sèvres.

Le Christ, debout, tient de la main gauche le livre des destinées. A ses côtés, la Vierge et l'ange gardien de la France, l'épée nue à la main. Aux deux extrémités, sont agenouillées Jeanne d'Arc, avec son armure et sa jupe rouge, et sainte Geneviève.

Sur la bande bleue qui sert de base à cette composition, est écrit en lettres d'or :

« *Angelum Galliæ custodem Christus patriæ fata docet.* »

En reprenant la grande nef du côté gauche, les peintures qui s'offrent à notre regard sont celles de PUVIS DE CHAVANNES (4 *panneaux*) :

SAINTE GENEVIÈVE SAUVE PARIS DE LA FAMINE.

En commençant par la droite :

1er *Panneau.* — Geneviève, soutenue par sa pieuse sollicitude, veille sur la ville endormie.

2e *Panneau.* — Des barques chargées de vivres viennent toucher le rivage. Des hommes les déchargent et portent les vivres à Geneviève. Au loin, un troupeau de bœufs et de moutons s'avance dans la direction de la sainte.

3e *Panneau.* — Ardente dans sa foi et sa charité, Geneviève, que les plus grands périls n'ont pu détourner de sa tâche, ravitaille Paris assiégé et menacé de la famine.

La sainte, debout sur une barque, fait patienter la multitude qui se presse vers elle.

4e *Panneau.* — Suite du précédent. Un vieil évêque, suivi d'une foule, s'avance vers la sainte. Au premier plan une femme en bleu se meurt d'inanition.

Les peintures destinées à la décoration des frises, exécutées par le même artiste, n'ont pas encore été mises en place.

VERS LA GLOIRE (*par DETAILLE*)

En pénétrant dans le transept de gauche, nous trouvons les belles peintures de J.-E. LENEPVEU (1889) (4 *panneaux*).

Sainte Geneviève veillant sur Paris *(par Puvis de Chavannes)*

JEANNE D'ARC

1er *Panneau. — La vision.* Un ange descend du ciel et présente à Jeanne une épée. — Jeanne en entendant les voix célestes laisse tomber son fuseau et sa figure s'illumine.

2e *Panneau. — La prise d'Orléans.* Devant les remparts d'Orléans, Jeanne, en guerrier, l'étendard à la main, entraîne les soldats.

3e *Panneau. — Sacre de Charles VII à Reims.* Saint Rémy, évêque de Reims, dépose sur la tête de Charles VII la couronne royale. — Debout, derrière, Jeanne, les yeux levés au ciel, tient d'une main son épée nue et de l'autre son étendard.

4e *Panneau — Le supplice.* Attachée sur un bûcher, Jeanne, prête à mourir, presse sur son cœur une croix que lui présente un moine. Des soldats anglais apportent des fagots, l'un d'eux saisit une torche enflammée pour y mettre le feu.

Jeanne d'Arc. — La Vision (*par J.-E. Lenepveu*)

Les panneaux du haut reproduisent également des épisodes de la vie de Jeanne d'Arc nous donnons ci-dessous les inscriptions placées dans la bordure de chacun de ces panneaux :

1er *Panneau.* — Jeanne d'Arc part de Vaucouleurs, 1429, son oncle et un autre paysan se cotisèrent pour lui donner un cheval. Baudricourt lui donna une épée et lui dit : « Va, et advienne que pourra ».

2e *Panneau.* — Les populations entières se jetaient à genoux autour d'elle, ceux qui n'étaient pas assez heureux pour s'en approcher et pour baiser ses mains et ses vêtements, baisaient la terre des pas de son cheval.

3e *Panneau.* — Jeanne est entourée et prise à Compiègne. Tous ses ennemis se ruaient à la fois contre elle. Un archer la tire violemment par sa tunique en drap d'or et la fit tomber de cheval (1430).

4e *Panneau.* — Un soldat anglais ayant jeté un fagot sur le bûcher de Jeanne voit, au moment de sa mort, une colombe sortir de sa bouche et s'envoler vers le ciel. D'autres avaient vu dans les flammes le mot qu'elle répétait : *Jésus.*

Au fond du transept, séparées par une tapisserie, quatre compositions surmontées de quatre frises de FERDINAND HUMBERT.

Les peintures de droite formant angle représentent :

1er *Panneau. — Idée d'humanité.* Dans un pauvre village désolé par la peste, une jeune femme riche se dévoue, par humanité, en soignant et consolant les malheureux affligés.

Frise. — Idée de charité. Une femme de noble condition s'offre à allaiter un nouveau-né que sa malheureuse mère ne peut nourrir. Au nom de la charité elle donne à ce déshérité le meilleur d'elle-même, son propre lait.

2e *Panneau. — Idée de patrie.* Un jeune laboureur s'apprête à partir pour la défense de la patrie menacée. Ni les larmes de sa mère, ni celles de sa jeune femme et de son enfant ne peuvent le détourner de son devoir.

Frise. — Idée d'indépendance et de victoire. La Victoire, sous les traits d'une femme qu'un ange couronne de lauriers, tend la main à deux nations vaincues, les relève et leur rend l'indépendance et la liberté.

La tapisserie qui sépare ces peintures a été exécutée, comme celle que nous avons vue dans le transept opposé, par les Gobelins, d'après les cartons de CH. LAMEIRE.

Dans la partie supérieure, figure la médaille que l'évêque d'Auxerre remit à Geneviève enfant. Au milieu, se détachent les armes de la Ville de Paris, entourées de guirlandes et de fleurs. De chaque côté, d'abord, le *Courage civique*, représenté par un Franc chevelu et, ensuite, la *Bienfaisance*, sous les traits d'une jeune femme voilée. Au bas, la devise : *Pro Patria.* Au dessus, un lion ailé.

Les peintures de gauche, formant également angle, nous montrent :

1er *Panneau. — Idée de famille.* Entouré de ses enfants et petits-enfants, un vieillard tient sur ses genoux le dernier-né. La joie tranquille peinte sur son visage montre combien il se réjouit d'avoir une nombreuse famille dont la sincère affection fait le bonheur de ses vieux jours.

Frise. — Idée de prospérité, travail, bonheur. Un homme se livre aux travaux des champs. Il sait que c'est par le travail seul qu'il obtiendra la prospérité et le bonheur des siens.

2e *Panneau. — Idée de Dieu.* Une famille de pêcheurs s'apprête à affronter les périls de la mer. Ils partent sans savoir s'ils reviendront. A cette pensée, ils élèvent leur âme vers le Maître de toutes choses et lui adressent une fervente prière.

IDÉE DE DIEU

Frise. — Idée de consolation. Une mère pleure la mort de son enfant étendu inerte à ses pieds. Deux anges la consolent. Tout n'est pas mort dans son fils chéri ; son âme immortelle, semblable à cette blanche colombe, ne s'est-elle pas envolée vers le royaume des cieux ?

A gauche, en suivant, nous admirons les peintures de A. CABANEL (4 *panneaux*) :

LA VIE DE SAINT LOUIS

En commençant par la gauche :

1er *Panneau.* — La reine Blanche de Castille, ayant à ses côtés Jourdain de Saxe et Vincent de Beauvais, préside à l'éducation de son fils.

L'ÉDUCATION DE SAINT LOUIS
Par CABANEL

2e *Panneau.* — Entouré de juristes et de théologiens, saint Louis, dans la sainte chapelle, rend la justice. Une malheureuse jeune femme, couchée sur les marches du trône, implore le monarque. Au premier plan, Etienne Boileau, prévôt de Paris, préside à l'abolition des combats judiciaires et réconcilie les adversaires. Assise sur la première marche de l'estrade, une orpheline symbolise les misères secourues par saint Louis.

SAINTE GENEVIÈVE SUR LES MARCHES DU BAPTISTÈRE

Par DELAUNAY

Sainte Geneviève calme la multitude affolée par la nouvelle qu'Attila se dirige vers Paris, et prophétise que la ville ne subira pas l'invasion du Fléau de Dieu.

3e *Panneau.* — Saint Louis fonde l'hôpital des Quinze-Vingts, représenté par des chevaliers aveugles revenant de Palestine, que conduit un enfant. Au premier plan, Robert de Sorbon rappelle la fondation de la Sorbonne, plus loin les corporations des métiers de Paris avec leurs bannières

4e *Panneau.* — Prisonnier en Palestine, malade, saint Louis sort de sa tente appuyé sur son chapelain. Il refuse la couronne que les Sarrasins lui offrent, après l'assassinat de leur chef.

Les frises représentent saint Louis nu-pieds ramenant de Palestine la couronne d'épines. Le roi est sous un dais porté par quatre diacres, devant lui s'avancent en procession les principaux personnages du royaume : Princes, Chevaliers, Evêques, etc.

Quittant le transept, nous reprenons la nef centrale où se trouvent inachevées, par suite de la mort de l'artiste, les belles peintures de DELAUNAY (4 *panneaux*) :

SAINTE GENEVIÈVE REND LA CONFIANCE ET LE CALME AUX PARISIENS EFFRAYÉS A L'APPROCHE D'ATTILA

En commençant par la gauche :

1er *Panneau.* — Attila et son armée semant, sur leur passage, le meurtre et l'incendie, s'avancent vers Paris.

2e *Panneau.* — Des hommes et des femmes discutent ; ils n'ont pas confiance dans les paroles de la Sainte, qui affirme que Paris ne subira pas l'invasion du fléau de Dieu. Certains vont même jusqu'à dresser un bûcher pour la brûler comme sorcière, d'autres préparent des instruments de supplice.

3e *Panneau.* — Sainte Geneviève, sur les marches du baptistère, s'efforce d'apaiser la foule menaçante et de rendre le calme aux Parisiens que l'arrivée d'Attila affole.

4e *Panneau.* — Arrivée de l'archidiacre Sédulius, envoyé par saint Germain d'Auxerre, pour soutenir Geneviève de sa parole et de son autorité. En signe d'union, il lui envoie, selon un antique usage, des pains bénits.

Les quatre panneaux supérieurs représentent une suite de saints et de martyrs de l'époque, dont les noms sont inscrits sur fond or.

Après avoir descendu quelques marches, nous nous trouvons en face de l'œuvre très saisissante de BONNAT :

SAINT DENYS DÉCAPITÉ

Saint Denys, que l'on vient de décapiter devant le temple de Mercure, se penche pour ramasser sa tête. A cette vue, le sacrificateur romain est terrifié et le bourreau, saisi d'épouvante, laisse tomber sa hache encore sanglante. De chaque côté du saint, les corps décapités de ses deux compagnons Rustique et Eleuthère. En haut, un ange, descendu du ciel, apporte la palme du martyre.

SAINT DENYS DÉCAPITÉ
Par BONNAT

Revenu à son point de départ, le visiteur doit se diriger vers le centre du monument, sous le dôme, pour admirer les fresques qui ornent la coupole ainsi que les pendentifs.

Arrivé à cet endroit, levant la tête, il aperçoit, directement au-dessus de lui, à 60 mètres de hauteur, la magnifique peinture du BARON GROS :

L'APOTHÉOSE DE SAINTE GENEVIÈVE

Portée par un nuage, sainte Geneviève, vêtue simplement, domine les rois, sa main droite est levée vers le ciel et sa main gauche est dirigée sur Louis XVIII, qu'elle semble vouloir protéger. A ses pieds, un mouton couché près d'une houlette, deux petits anges jetant des fleurs, puis, sur une pierre, un vase précieux contenant un rameau de buis.

A droite de la sainte, Clovis, revêtu de la tunique blanche du baptême, soutenu par son épouse Clotilde. Successivement l'on aperçoit : Charlemagne, debout, un pied posé sur un nuage; saint Louis à genoux, près de son épouse, implorant la sainte; Louis XVIII, appuyé sur la duchesse d'Angoulême, tenant un sceptre au-dessus de la tête du jeune duc de Bordeaux qui, plus tard, prit le nom de Henri V. Puis un autre groupe représentant Louis XVI, Marie-Antoinette, Louis XVII et Mme Élisabeth.

L'artiste mit seize ans (de 1811 à 1827) à exécuter cette décoration qui occupe une superficie de 1085 mètres carrés. La hauteur moyenne des personnages est de 4 à 5 mètres.

Au-dessous de cette peinture, se trouvent les quatre panneaux ornant les pendentifs commencés par le BARON GÉRARD et achevés par ses élèves. Ces peintures représentent :

LA PATRIE, LA MORT, LA JUSTICE ET LA GLOIRE

(*Pour mieux voir ces peintures, quitter le point central et s'adosser successivement à chacun des quatre piliers qui l'entourent.*)

La Patrie. — Recouverte d'un voile funèbre, la Patrie, debout, se tient recueillie au-dessus du tombeau d'un grand homme. La Renommée s'élance pour proclamer le nom du défunt, tandis qu'un guerrier, un artisan et un élève des écoles s'avancent en groupe vers la Patrie pour lui offrir leurs services et l'assurer de tout leur dévouement.

La Mort. — Impassible, la Mort frappe du bras gauche un homme dans la force de l'âge dont l'âme s'envole vers le ciel. A cette vue, un vieillard, une femme, un enfant représentant les êtres faibles de la société, et que la Mort a dédaignés, s'enfuient effrayés.

La Justice. — Tenant un glaive et des balances, symboles de la Loi, la Justice protège la Vertu placée à ses pieds les mains liées. Elle défend l'entrée du Panthéon à la Vanité, au Mensonge, à la Calomnie et à l'Envie.

La Gloire. — La Gloire, sous les traits de Marie-Louise, soutient l'ombre de Napoléon Ier. A gauche, un aigle porte la couronne du vainqueur. Sur le côté, la Renommée pleure le héros qu'elle a si souvent accompagné.

Au-dessous, sur les piliers, ont été placées, en 1837, quatre tablettes en marbre noir, portant, inscrits en lettres d'or, les noms des citoyens morts pendant les journées des 27, 28 et 29 juillet 1830.

Avant de quitter le point central, jetons un coup d'œil au-dessus de la porte d'entrée et remarquons, sur le mur formant le fond de la tribune, une très curieuse décoration d'un coloris très vif, véritable fresque, que M. HECTOR D'ESPOUY exécuta, en 1906, à la chaux sur mortier frais. Cette fresque représente *la Gloire*, entourée des *Arts* et de la *Littérature*.

EXPLICATION DES SCULPTURES

Nous donnons ci-dessous la d scription des statues qui complètent l'ornementation intérieure du Panthéon, ainsi que la désignation des emplacements qu'elles occupent actuellement.

Adossées au mur de chaque côté de la porte centrale, deux belles statues en marbre :

A droite, en regardant la porte :

SAINT RÉMY, par Pierre-Jules *Cavelier* (1877). H. 2m98. — Saint Rémy, revêtu des ornements sacerdotaux, coiffé de la mitre, élève de la main droite la sainte ampoule qu'il vient de recevoir. A ses pieds, posée sur des volumes, la crosse, emblème de l'épiscopat.

A gauche :

SAINT DENYS, par Jean-Joseph *Perraud*. H. 2m95.

Le saint lève les bras vers le ciel et semble implorer pour les Gaules, dont il est l'apôtre, la protection du Christ. A ses pieds, deux mains portent une tête mitrée, symbole de son martyre et du miracle qui le suivit.

En regardant l'abside, adossé au 1er pilier de droite :

SAINT GERMAIN D'AUXERRE, par *Chapu*. H. 2m89. — L'évêque remet une médaille à sainte Geneviève enfant.

Derrière, au 2e pilier de droite :

SAINT GRÉGOIRE DE TOURS, par Emmanuel *Frémiet* (1878). H. 2m89.

Coiffé d'une mitre sphérique, la tête entourée d'une auréole de métal doré, le saint tient de la main gauche son livre *Gesta Francorum* et de la droite sa crosse, formée d'une branche d'épines, également en métal doré. A sa gauche, une petite église posée sur une roche représente l'édification de l'Eglise catholique, sur les ruines de l'Empire romain. Sur la roche, le S. P. Q. R. et la louve.

A côté, adossé au même pilier :

SAINT BERNARD, par François *Jouffroy*. H. 2m83.
Debout, vêtu d'une robe de moine, le saint tient une croix de la main gauche, il étend le bras droit pour appeler les foules et leur prêcher la deuxième croisade

Au premier pilier de gauche se trouve :

SAINT MARTIN, commencée par *Cabet*, cette statue fut terminée par Just *Becquet*. H. 3m04. Ce groupe représente la charité chrétienne..
Saint Martin, vêtu en officier romain, vient de partager en deux son manteau pour en couvrir un jeune enfant pauvre accroupi à ses pieds et qui, du regard, le remercie.

Au deuxième pilier de gauche :

SAINT VINCENT DE PAUL, par Jean-Alexandre-Joseph *Falguière*. H. 2m89.
Saint Vincent de Paul tient doucement dans ses bras deux jeunes enfants.

A côté, adossé au même pilier :

SAINT JEAN DE MATHA, par Ernest-Eugène *Hiolle* (1878). H. 2m80.
Vêtu de la robe de l'ordre des Trinitaires, qu'il fonda pour le rachat des captifs, le saint, de la main droite, tient un carcan dont il vient de délivrer un prisonnier.

En s'avançant vers l'abside, sur le côté droit de la grande nef :

SAINTE GENEVIÈVE, par *Guillaume*, ancien directeur des Beaux-Arts.
La sainte, revêtue d'un long manteau de paysanne, porte, dans la main droite, une petite barque. De la main gauche, elle tient le bâton pastoral. A ses pieds, un jeune agneau.

Dans l'historique du Panthéon, nous avons fait connaître les grandes lignes du projet de décoration sculpturale approuvé par l'administration des Beaux-Arts.

Nous indiquons, ci-après, les emplacements que doivent occuper ces nouvelles œuvres :

A l'extrémité du transept de droite, contre le mur du fond :

LES GÉNÉRAUX DE LA RÉVOLUTION (Lazare Carnot entouré de Hoche et de Kléber), par *Mercié.*

Au milieu du même transept :

Le monument de MIRABEAU, par *Injalbert.*

A l'extrémité du transept de gauche, contre le mur du fond :

LES ORATEURS ET PUBLICISTES DE LA RESTAURATION (Général Foy, Manuel et Armand Carrel), par *Marqueste.*

Au milieu du même transept :

Le monument de VICTOR HUGO, par *Rodin.*

Les monuments de VOLTAIRE et J.-J. ROUSSEAU doivent être placés à l'extrémité des galeries latérales de chaque côté de l'abside ; celui de DESCARTES, au fond de la grande nef, devant la peinture de Detaille.

Enfin, aux piliers du dôme doivent être adossées les figures allégoriques représentant les quatre grandes époques de l'Histoire de France :

LE MOYEN AGE ;
LA RENAISSANCE ;
LE DIX-SEPTIÈME SIÈCLE ;
LE DIX-HUITIÈME SIÈCLE.

C'est pour ces morts, dont l'ombre est ici bienvenue
Que le haut Panthéon élève dans la nue,
Au-dessus de Paris, la ville aux mille tours,
La reine de nos Tyrs et de nos Babylones,
Cette couronne de colonnes
Que le soleil levant redore tous les jours !

V. HUGO. (*Les Chants du Crépuscule.*)

IV

CAVEAUX

A l'extrémité de la nef principale, de chaque côté de l'abside, se trouve le double escalier en pierre conduisant à la CRYPTE, située en contre-bas, à $5^{m}85$ du sol. Elle contient 46 tombeaux d'hommes célèbres et 5 urnes ne renfermant que le cœur.

Au bas des marches, après avoir franchi la lourde porte en bronze qui en ferme l'entrée, on se trouve dans la crypte ornée de pilastres toscans. Remarquons les colonnes massives qui supportent la voûte, les pierres sont posées simplement les unes sur les autres, sans plâtre ni ciment, une mince feuille de plomb les sépare pour éviter l'humidité.

Après avoir fait quelques pas, avant d'arriver à la rotonde, on tourne à droite, pour se diriger vers le cénotaphe de :

ROUSSEAU (Jean-Jacques), philosophe, né à Genève en 1712, décédé à Paris le 3 juillet 1778.

Ce cénotaphe de forme antique est en bois sculpté. Un volet semble entr'ouvert et laisse passer une main tenant une torche allumée. Le bas-relief, en stuc, appliqué sur bois, à chaque face, représente, à droite, un jeune homme et un vieillard déposant sur le tombeau du philosophe des épis et des fruits ; à gauche, une jeune femme lui apportant des fleurs et un enfant lui offrant un petit oiseau. Sur les côtés, on lit :

Ici repose l'homme de la nature et de la vérité.

Deux troncs d'arbre ébranchés formant colonne, séparent cette inscription d'un bas-relief figurant la Vérité et une femme allaitant deux enfants.

Revenant sur nos pas, dans la galerie de gauche, on se trouve en présence du cénotaphe de :

VOLTAIRE (François-Marie Arouet dit), philosophe-prosateur, né à Paris, le 21 novembre 1694, décédé le 30 mai 1778.

Comme celui de J.-J. Rousseau, mais plus simple, ce cénotaphe affecte une forme antique, sorte de temple grec. Au-dessus, la boule azurée du monde, sur laquelle s'appuie la lyre, posée sur une couronne de laurier.

Est inscrit, entre les deux génies funèbres qui décorent, en bas-relief, l'extrémité de chaque face :

« *Aux mânes de Voltaire, l'assemblée nationale a décrété, le* 30 *May* 1791, *qu'il avait mérité de la Patrie les honneurs dus aux Grands Hommes.*

» *Il combattit les athées et les fanatiques, il inspira la tolérance, il réclama les droits de l'homme contre la servitude de la féodalité.* »

Sur les côtés :

« *Il défendit Calas, Sirven, La Barre et Montbailly.* »

Près du cénotaphe, à gauche, se dresse la statue en marbre de Voltaire, attribuée à Jean Houdon. Debout, la tête levée d'un air inspiré, il tient, de la main gauche, ses tablettes, de la main droite, son stylet ; à ses pieds, les attributs du poète tragique : le masque et le poignard.

En face, le tombeau de :

SOUFFLOT (Jacques-Germain), architecte du Panthéon.

Sur la pierre tombale, se trouve l'inscription suivante :

« Ici est le corps de Messire J.-G. Soufflot, chevalier de » l'ordre du Roi, architecte de Sa Majesté et de la nouvelle » église Sainte-Geneviève, intendant général des bâtiments du » Roi, honoraire, associé libre de l'Académie royale de pein- » ture et de sculpture, contrôleur général des bâtiments de la » ville de Lyon, membre de son académie, de celle de Rome, » de Marseille, etc. ; né à Irancy (Yonne), le 22 juillet 1713, » décédé à Paris, le 29 août 1780.

» Exhumé et transporté des caveaux de sépultures des Géno- » véfains dans la nouvelle église Sainte-Geneviève, le 19 fé- » vrier 1829. »

Reprenant l'allée du milieu, après avoir monté quelques marches, l'on se trouve au point central de l'édifice, dans la rotonde dont les piliers supportent le poids du dôme. Cette rotonde est entourée de galeries circulaires, dans l'une d'elles, ainsi que le fait remarquer le gardien, on peut entendre un ÉCHO des plus curieux.

Sur la gauche, à l'extrémité d'une galerie aboutissant à la rotonde, on aperçoit le modèle réduit du Panthéon (*hauteur 4 mètres*), exécuté par Rondelet. Les deux tours que l'on remarque à l'extrémité de ce modèle, avaient été élevées, dès l'origine, pour recevoir des cloches ; elles furent démolies, vers 1832, en raison de leur état d'abandon et de leur forme peu en harmonie avec le reste du monument.

Après la rotonde, dans la galerie latérale de gauche, s'ouvrent plusieurs caveaux dont trois contiennent des sépultures.

Le premier renferme le tombeau de :

LANNES (Jean), Maréchal de France, duc de Montebello.

On lit sur le cénotaphe :

« A la mémoire du maréchal duc de Montebello, né le 11 avril
» 1769, à Lectoure (Gers), mort glorieusement aux champs
» d'Essling, le 22 Mai 1809.

» *Dans les champs des combats, héros fier et terrible;*
» *Et dans ceux de Cérès, nouveau Cincinnatus;*
» *Au sein de sa famille, époux, père sensible;*
» *A la cour, il aima dans son maître un Titus.* »

Le deuxième, ceux de :

MARCEAU (François-Séverin), général des armées de la République, né à Chartres (Eure-et-Loir), le 1er mars 1769, tué à l'ennemi, à Altenkirchen (Prusse rhénane), le 23 septembre 1796. Transféré au Panthéon, le 4 août 1889.

CARNOT (Lazare), conventionnel, né le 13 mai 1753, à Nolay (Côte-d'Or), mort en exil, à Magdebourg, le 2 août 1823. Transféré au Panthéon, le 4 août 1889.

LA TOUR D'AUVERGNE (Théophile-Malo Corret de), premier grenadier des armées de la République, né à Carhaix (Finistère), le 23 novembre 1743, tué à l'ennemi, à Oberhausen (Bavière), le 27 juin 1800. Transféré au Panthéon, le 4 août 1889.

Sur le tombeau de La Tour d'Auvergne est posée une couronne en métal, de 2 mètres de diamètre, offerte par son pays natal, la ville de Carhaix.

BAUDIN (Jean-Baptiste-Alphonse-Victor), représentant du peuple, né à Nantua (Ain), le 23 octobre 1811, tué à Paris, pour la défense du droit, le 3 décembre 1851. Transféré au Panthéon, le 4 août 1889.

TOMBEAU DE SADI-CARNOT

SADI-CARNOT (Marie-François), Président de la République française, né à Limoges, le 11 août 1837, assassiné à Lyon, le 24 juin 1894. (Loi du 29 juin 1894.)

Parmi les nombreuses couronnes envoyées, signalons : celle, en or, offerte par l'Empereur de Russie, Nicolas II ;

Deux autres, en argent : l'une, provenant de la municipalité de Saint-Pétersbourg, l'autre, des Français habitant Sébastopol ;

Enfin, celle, en nickel, entourée de fils d'or, au bas de laquelle se trouve l'inscription suivante : « A Carnot, digne d'éternels regrets, son ami Ménélick II, roi des rois d'Éthiopie. »

Dans le troisième caveau :

HUGO (Victor), poète, né à Besançon, en 1802, mort à Paris, en 1885, transféré au Panthéon le 1er juin 1885.

Remarquons la superbe couronne offerte par les maires et adjoints de la ville de Paris, celle de la ville de Calais, en véritable dentelle, puis la plaque en bronze envoyée par les Arts décoratifs.

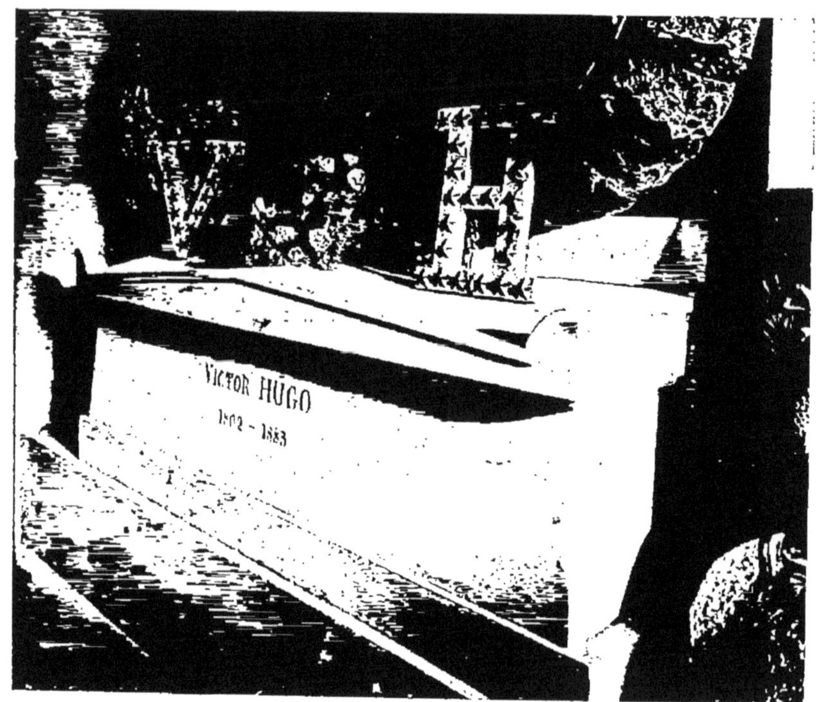

TOMBEAU DE VICTOR HUGO

Dans la galerie latérale opposée, à droite, ouvrent quatre caveaux renfermant les restes de personnages du 1er Empire : généraux, amiraux, cardinaux, hommes d'État, savants, etc.

Ces caveaux sont rarement visités, notamment les deux derniers, particulièrement sombres et où la surveillance serait difficile.

Premier caveau (11 tombeaux, — 1 urne) :

JACQUEMINOT (Ignace, comte de HAM), membre du Sénat conservateur, titulaire de la sénatorerie du Nord, l'un des commandants de la Légion d'honneur, né à Naives (Meuse), le 1er février 1754, décédé à Paris, le 13 juin 1813.

LEGRAND (Claude-Juste-Alexandre), comte et pair de France, lieutenant-général des armées du Roi, grand cordon de la Légion d'honneur, chevalier de Saint-Louis, grand-croix de l'ordre militaire de Charles-Frédéric de Bade, né à Saint-Just (Oise), en 1762, décédé à Paris, le 9 janvier 1815.

DEMEUNIER (Jean-Nicolas), sénateur, comte de l'Empire, grand officier de la Légion d'honneur, titulaire de la sénatorerie de Toulouse, né à Nozeroi (Jura), le 15 mars 1751, décédé à Paris, le 7 février 1814.

ROUSSEAU (Jean), comte de l'Empire, sénateur, l'un des commandants de la Légion d'honneur, né à Vitry (Marne), le 13 mars 1738, décédé à Paris le 7 novembre 1813.

LAGRANGE (Joseph-Louis), sénateur, comte de l'Empire, grand officier de la Légion d'honneur, grand-croix de l'ordre impérial de la Réunion, membre de l'Institut et du Bureau des Longitudes, né à Turin, département du Pô, le 25 janvier 1736, décédé à Paris, le 10 avril 1813.

ORDENER (comte), sénateur, commandeur de la Légion d'honneur, commandant de la Couronne de fer, gouverneur du Palais impérial de Compiègne, né à Saint-Avold (Moselle), le 11 septembre 1755, mort à Compiègne, le 30 août 1811.

LE PAIGNE DORSENNE (François), comte de l'Empire, général de division, chambellan de Sa Majesté l'Empereur et Roi, colonel commandant des grenadiers à pied de la garde impériale, grand officier de la Légion d'honneur, chevalier de l'ordre de la Couronne de fer et de celui du Mérite militaire de Bavière, né à Ardres (Pas-de-Calais), le 30 avril 1773, décédé à Paris, le 24 juillet 1812.

DE VIRY (François-Marie-Joseph-Justin), comte de l'Empire, sénateur, Chambellan de Sa Majesté l'Empereur et Roi, grand officier de la Légion d'honneur, grand-croix de l'ordre impérial de la Réunion, né à Viry (département du Léman), le 1er novembre 1737, décédé à Paris, le 23 octobre 1813.

REGNIER (Charles-Ambroise), duc de Massa, grand officier, grand cordon de la Légion d'honneur, né à Blamont (Meurthe), âgé de soixante-sept ans et demi, décédé à Paris, le 25 juin 1814.

DE COSSÉ (Hyacinthe-Hugues-Timoléon), comte de BRISSAC, ancien maréchal des camps et armées du Roi, sénateur, officier de la Légion d'honneur, chambellan de Son Altesse impériale, Madame, mère de l'Empereur, grand-croix de l'ordre de Saint-Hubert de Bavière, né à Paris, le 8 novembre 1746, décédé le 19 juin 1813.

THÉVENARD (Antoine-Jean-Marie), vice-amiral, comte et pair de France, grand officier de la Légion d'honneur, commandeur de l'ordre royal et militaire de Saint-Louis, né à Saint-Malo, le 7 décembre 1753, décédé le 9 février 1815.

Enfin, renfermé dans une urne, le cœur de :

HUREAU de SENARMONT (Alexandre-Antoine), général de division, inspecteur général d'artillerie, baron de l'Empire, commandant de la Légion d'honneur, chevalier de la Couronne de fer, né à Strasbourg (Bas-Rhin), le 21 avril 1769, tué devant Cadix, le 26 octobre 1810.

Deuxième caveau (11 tombeaux, — 2 urnes) :

MARERI (Hippolyte-Antoine-Vincent), cardinal-évêque de Sabine. né à Reaté, le 13 février 1738, mort à Paris, le 12 mars 1811.

BOUGAINVILLE (Louis-Antoine de), comte de l'Empire, vice-amiral, grand officier de la Légion d'honneur, membre de l'Institut de France et du Bureau des Longitudes, né à Paris, le 11 novembre 1729, mort à Paris, le 1er septembre 1811.

VIEN (Joseph-Marie), sénateur, comte de l'Empire, commandant de la Légion d'honneur, membre de l'Institut, professeur-recteur des écoles spéciales des Beaux-Arts, né à Montpellier (Hérault), le 17 juin 1716, décédé à Paris, le 27 mars 1809.

LEBLOND DE SAINT-HILAIRE (Louis-Joseph-Vincent), général de division, grand aigle de la Légion d'honneur, né à Ribemont (Aisne), le 4 septembre 1764, mort au champ d'honneur à la bataille d'Essling, le 22 mai 1809.

CRETET (Emmanuel), comte de CHAMPMOL, commandant de la Légion d'honneur, ministre de l'Intérieur et ministre d'Etat, né à Pont-de-Beauvoisin (département du Mont Blanc), le 11 janvier 1747, décédé à Paris, le 28 novembre 1809.

DE LABOISSIÈRE (Pierre-Garnier), sénateur, comte de l'Empire, général de division, grand officier de la Légion d'honneur, chambellan de Sa Majesté l'Empereur et Roi, né à Chassier (Charente), le 10 mars 1754, décédé à Paris, le 13 avril 1809.

ERSKINE (Charles), cardinal-diacre de Sainte-Marie dans le portique, né à Rome, d'un père écossais, le 23 février 1743, mort à Paris, le 20 mars 1811.

CAPRARA (Jean-Baptiste), cardinal-archevêque de Milan, né à Bologne, le 24 mai 1733, décédé à Paris, où il résidait en qualité de légat *a latere*, le 21 juin 1810.

CLARET DE FLEURIEU (Charles-Pierre), comte de l'Empire, sénateur, conseiller d'Etat à vie, gouverneur des Palais des Tuileries et du Louvre, grand officier de la Légion d'honneur et membre de l'Institut, né à Lyon, le 3 juillet 1738, mort à Paris, le 18 août 1810.

SONGIS (Nicolas-Marie), premier inspecteur général du corps impérial d'artillerie, grand officier de l'Empire, grand aigle de la Légion d'honneur, grand-croix de l'ordre du Lion de Bavière, commandeur de l'ordre de la Couronne de fer, né à Troyes (Aube), le 23 avril 1761, mort à Paris, le 27 décembre 1810.

TREILHARD (Jean-Baptiste), ministre d'Etat, président de la section de législation au Conseil d'Etat, comte de l'Empire, grand officier de la Légion d'honneur, chevalier de la Couronne de fer, membre du Comité de consultation de la Légion d'honneur et du Comité pour les affaires contentieuses de la maison de l'Empereur, né à Brive (Corrèze), le 11 janvier 1742, décédé à Paris, le 1er décembre 1810.

Plus deux urnes contenant l'une le cœur de :

SERS (Pierre), sénateur, comte de l'Empire, né à Hégades (Tarn), le 10 mai 1746, mort le 16 septembre 1809.

et l'autre celui de :

BONAVENTURE Morand de GALLES (Justin), sénateur, comte de l'Empire, né à Goncelin (Isère), le 30 mars 1741, mort le 23 juillet 1809.

Troisième caveau, dit *des Protestants* (4 tombeaux) :

PERREGAUX (Jean-Frédéric), membre du Sénat conservateur, commandant de la Légion d'honneur, né à Neuchâtel (Suisse), le 4 septembre 1744, décédé à Paris, le 17 février 1808.

WINTER (Jean-Guillaume, comte de), vice-amiral, grand officier de l'Empire, inspecteur général des côtes de la mer du Nord, officier de la Légion d'honneur, grand-croix de l'ordre impérial de la Réunion, décoré de l'ordre royal de l'Aigle d'or de Wurtemberg, né à Campen (Bouches de Lissel), le 23 mars 1761, mort à Paris, le 11 juin 1812.

REYNIER (Jean-Louis-Ebenezer), comte de l'Empire, général en chef, grand officier de la Légion d'honneur, grand-croix de l'ordre de la Réunion, grand dignitaire de l'ordre des Deux-Siciles et de celui de Saint-Henry de Saxe, né à Lauzanne, le 14 janvier 1771, décédé à Paris, le 27 février 1814.

WALTHER (Frédéric-Henri, comte), lieutenant-général, colonel des grenadiers à cheval de la garde impériale, grand cordon de la Légion d'honneur, commandant de la Couronne de fer, né à Oberhneim (Bas-Rhin), le 20 août 1761, mort à son quartier général, à Courssel (département de la Sarre), le 24 novembre 1814.

Quatrième caveau (10 tombeaux, — 2 urnes) :

CHOISEUL-PRASLIN (Antoine-César), membre du Sénat conservateur, commandant de la Légion d'honneur, né à Paris, le 6 avril 1756, décédé à Paris, le 28 janvier 1808.

PORTALIS (Jean-Etienne), ministre des Cultes, grand dignitaire de la Légion d'honneur, membre de l'Institut de France, né le 1er avril 1746, au Bausset (Var), décédé à Paris, le 25 août 1807.

RESNIER (Louis-Pierre-Pantaléon), membre du Sénat conservateur, commandant de la Légion d'honneur, né à Paris, le 23 novembre 1752, décédé en cette ville, le 13 octobre 1807.

CAULAINCOURT (Gabriel-Louis de), sénateur, membre de la Légion d'honneur et comte de l'Empire, né à l'Echelle (Aisne), le 15 novembre 1740, décédé à Paris, le 28 octobre 1808.

PETIET (Claude), ministre de la Guerre, conseiller d'Etat, membre du Sénat conservateur, grand officier de la Légion d'honneur, né à Châtillon-sur-Seine (Côte-d'Or), le 9 février 1759, mort à Paris, le 25 mai 1806.

PAPIN (Jean-Baptiste), comte de SAINT-CHRISTAU, membre du Sénat conservateur, né à Aire (Landes), le 10 novembre 1756, décédé à Paris, le 3 février 1809.

BEGUIGNOT (François-Barthélemy), ancien général de division, sénateur, l'un des commandants de la Légion d'honneur et comte de l'Empire, né à Paris, le 22 janvier 1757, décédé à Paris, le 28 septembre 1808.

TRONCHET (François-Denis), membre du Sénat, grand officier de la Légion d'honneur, titulaire de la sénatorerie d'Amiens, né à Paris, le 23 mars 1726, mort à Paris, le 10 mars 1807.

BÉVIÈRE (Jean-Baptiste-Pierre), membre de l'assemblée constituante, notaire et maire à Paris, membre du Sénat et de la Légion d'honneur, né à Paris, le 20 octobre 1723, décédé en cette ville le 12 mars 1807.

CARBANIS (Pierre-Jean-Georges), membre du Sénat conservateur, et de l'Institut de France, commandant de la Légion d'honneur, né à Salagnat (Corrèze), le 5 juin 1757, décédé le 6 mai 1808.

Plus deux urnes contenant, l'une le cœur de :

MALHER (Jean-Pierre-Firmin), grand officier de la Légion d'honneur, général de division, chevalier de l'ordre du Lion de Bavière, né à Paris, le 29 juin 1761, mort à l'armée d'Espagne, le 23 mars 1808.

L'autre, celui de :

DURAZZO (Jérôme-Louis-François-Joseph, comte de), sénateur, né à Gênes, le 20 mai 1739, mort à Gênes, le 21 janvier 1809.

*
* *

A ces noms viendra bientôt s'ajouter celui d'EMILE ZOLA.

Dans sa séance du 11 décembre 1906, le Sénat a, en effet, ratifié le projet de loi voté par la Chambre des Députés, relatif à la translation des cendres de Zola au Panthéon, et ainsi conçu :

Article unique. — Les cendres d'Emile Zola seront transférées au Panthéon.

Un décret rendu par le Président de la République sur la proposition du Ministre de l'Instruction publique, fixera la date de cette cérémonie.

*
* *

Les tombeaux de Voltaire et de J.-J. Rousseau n'occupèrent pas toujours les emplacements où ils se trouvent aujourd'hui. Ils furent déplacés, notamment, en 1821 et en 1830.

Il est à présumer que ces divers changements ont donné naissance au bruit répandu et même accrédité par plusieurs auteurs, que les cercueils de ces deux hommes ne contenaient plus leurs restes.

Le doute, aujourd'hui, n'est plus permis.

En effet, en 1897, le Ministre de l'Instruction publique nomma une Commission, chargée de procéder à l'enlèvement et à l'ouverture des sarcophages de Voltaire et de J.-J. Rousseau.

Cette Commission, présidée par M. le sénateur Hamel, se rendit au Panthéon, le 18 décembre, et fit, d'abord, ouvrir le sarcophage de Voltaire. Elle constata que le cercueil contenu dans ce sarcophage était bien celui décrit par les procès-verbaux officiels des 24 décembre 1821 et 4 septembre 1830. Une fois le cercueil ouvert, apparut un couvercle convexe, peu épais, en bois blanc ; ce couvercle ayant été, à son tour, soulevé, le squelette de Voltaire fut trouvé légèrement désagrégé. Les membres de la Commission purent constater que le crâne était absolument conforme au buste exécuté par le sculpteur Pigalle.

La même opération ayant été faite pour le sarcophage de J.-J. Rousseau, on mit à découvert un cercueil en plomb, portant gravée, dans l'épaisseur du métal, sur le plat, cette inscription :

Hic Jacent ossa Joannis Jacobi Rousseau — 1778

Ce premier cercueil en renfermait un second en ébène de forte épaisseur, sur le plat duquel se trouvaient deux plaques répétant l'inscription, en français et en latin, gravée sur le premier cercueil.

Le second cercueil en contenait, lui-même, un troisième, où reposait le squelette de J.-J. Rousseau, en parfait état de conservation, les bras croisés sur la poitrine, la tête légèrement inclinée à gauche, comme un homme endormi, il était couché sur le linceul encore reconnaissable. Le crâne était intact, sans aucune trace de perforation ou de fracture.

Ainsi tomba la légende.

V

LES ARCHITECTES DU PANTHÉON

Nous croyons intéressant de donner la liste des architectes qui se sont succédés, depuis l'origine du Panthéon jusqu'à nos jours, c'est-à-dire pendant près d'un siècle et demi :

SOUFFLOT (Jacques-Germain), né à Irancy (Yonne), le 22 juillet 1713, décédé le 29 août 1780. Auteur des plans de l'église Sainte-Geneviève. Conduisit les travaux jusqu'à la naissance du dôme.

Bien qu'à sa mort, Soufflot ne fût pas officiellement remplacé, cependant les travaux se poursuivirent, lentement, il est vrai, sous la direction de :

BRÉBION (Maximilien), né en 1716, décédé en 1796.

VIEL DE SAINT-MAUX (Charles-François), né à Paris, le 12 juin 1745, décédé le 1er décembre 1819.

PEYRE (Antonin-François), dit le Jeune, né à Paris, le 5 avril 1739, décédé le 7 mars 1823. A noter, parmi les ouvrages laissés par cet architecte : la restauration du Panthéon français (Paris, 1799), et une observation sur la restauration des piliers.

SOUFFLOT, dit le Romain, neveu de J.-G. Soufflot, exerça pendant plusieurs années, les fonctions d'Inspecteur, il reçut le titre d'architecte du Panthéon le 7 Germinal an IV.

Mais, en réalité, le véritable successeur du grand Soufflot fut :

RONDELET (Jean-Baptiste), né à Lyon, le 4 juin 1743, décédé le 26 septembre 1829. En 1770, Soufflot le prit à son agence comme dessinateur, puis le fit nommer inspecteur des travaux de la nouvelle église Sainte-Geneviève. C'est en cette qualité qu'il coopéra à la construction du portail de cet édifice que Soufflot modifia d'après ses avis.

Toutefois, ce n'est que le 3 mai 1801, que Rondelet reçut le titre officiel d'architecte du Panthéon, comme l'indique son arrêté de nomination, ainsi libellé :

Du 13 Floréal an IX,

Le Ministre de l'Intérieur arrête ce qui suit :

Le citoyen Rondelet, membre du Conseil des Bâtiments civils et déjà chargé de la restauration des piliers qui supportent le dôme du Panthéon français, est nommé à la place d'architecte de cet édifice, vacante depuis longtemps, par le décès de Soufflot.

Le citoyen Rondelet jouira, à ce titre, d'un supplément d'appointements de 2.000 francs.

Le Ministre de l'Intérieur,
Signé : CHAPTAL.

Rondelet était membre du Conseil des Bâtiments civils. En 1812, une décision ayant déclaré que ces fonctions étaient incompatibles avec celles d'architecte d'un monument, il opta pour le Conseil des Bâtiments civils, où il siéga encore pendant plus de dix ans. Il ne prit, en effet, sa retraite qu'en 1823. Son fils, Antoine-Jean-Baptiste, lui succéda en 1812, dans la direction des travaux du Panthéon avec le titre d'inspecteur.

BALTARD (Louis-Pierre), né à Paris, le 9 juillet 1764, décédé à Lyon, le 22 janvier 1846 ; fut nommé architecte du Panthéon en 1813. Construisit la lanterne du dôme.

DESTOUCHES (Louis-Nicolas-Marie), né à Paris, le 8 mai 1789, décédé en 1850. Nommé architecte du Panthéon en 1832, fit à cet édifice de grands travaux de 1846 à 1850. Il composa, notamment, le modèle des trois portes en bronze ornant le péristyle. Il s'occupa aussi du dallage et de la grille qui entoure l'édifice.

CONSTANT-DUFEUX (Simon-Claude), né à Paris, le 5 janvier 1801, décédé le 29 juillet 1871, fut appelé à diriger, comme architecte, les travaux du Panthéon en 1850. Les portes en bronze des chapelles latérales furent exécutées d'après ses plans.

LOUVET (Louis-Victor), né à Paris, en 1822, décédé en 1898. C'est sous sa direction que furent commencés les travaux de décoration intérieure.

LE DESCHAULT (Edmond), né le 25 juillet 1831.

M. Le Deschault fut nommé architecte du Panthéon le 15 août 1879. Ainsi que nous l'avons mentionné, d'autre part, il dirigea avec un soin méticuleux et une grande compétence, les délicats travaux nécessités par la décoration picturale de cet édifice.

Après vingt-trois ans de services, comme architecte du Panthéon, M. Le Deschault prit sa retraite, laissant à l'administration des Beaux-Arts le souvenir d'un homme affable en même temps que celui d'un artiste éclairé et consciencieux.

NÉNOT (Henri-Paul), né à Paris, le 27 mai 1853, architecte actuel du Panthéon, fut nommé à ces fonctions, le 1er janvier 1902.

Membre de l'Institut, inspecteur général des Bâtiments civils, M. Nénot est un artiste éminent, auteur de nombreuses constructions, notamment de la nouvelle Sorbonne.

Il est secondé dans sa tâche par un actif inspecteur, M. ROUX (Louis-François-Georges), qui, lui-même, architecte distingué, surveille, avec un soin particulier, les incessants travaux que comporte un monument de cette importance.

VERSAILLES. — SOCIÉTÉ ANONYME DES IMPRIMERIES GÉRARDIN.

www.ingramcontent.com/pod-product-compliance
Ingram Content Group UK Ltd.
Pitfield, Milton Keynes, MK11 3LW, UK
UKHW022137190726
13855UKWH00003B/1196

9 782013 059893